和聪明的投资者一起学习投资

稳赢投资

上班族股市制胜之道

人人都能学会的股市投资方法
办法简单、操作便利、时间节约、盈利稳定

吴 飞◎著

中国经济出版社
CHINA ECONOMIC PUBLISHING HOUSE
·北 京·

图书在版编目（CIP）数据

稳赢投资：上班族股市制胜之道 / 吴飞著.
—北京：中国经济出版社，2019.3
ISBN 978-7-5136-5461-6

Ⅰ.①稳… Ⅱ.①吴… Ⅲ.①股票投资—基本知识 Ⅳ.①F830.91

中国版本图书馆 CIP 数据核字（2018）第 267191 号

责任编辑　燕丽丽
责任印制　巢新强
封面设计　任燕飞

出版发行　中国经济出版社
印 刷 者　北京力信诚印刷有限公司
经 销 者　各地新华书店
开　　本　710mm×1000mm　1/16
印　　张　15.25
字　　数　180 千字
版　　次　2019 年 3 月第 1 版
印　　次　2019 年 3 月第 1 次
定　　价　58.00 元
广告经营许可证　京西工商广字第 8179 号

中国经济出版社 **网址** www.economyph.com **社址** 北京市西城区百万庄北街 3 号 **邮编** 100037
本版图书如存在印装质量问题，请与本社发行中心联系调换（联系电话：010-68330607）

推荐序

用自己的智慧走向财务健康

在我的记忆中，与吴飞先生最早的“交集”是2016年3月26日，我在雪球分享了一篇企业分析文章《济川药业：锁在深闺人未识?》，那时济川药业的市值179亿元①，且收入与利润均保持了较快速度的增长，估值水平还不高，而市场似乎还未意识到这家公司的未来增长潜力。分享这篇文章之后，有位叫“投资者吴飞”的“球友”给我印象颇深。他说：“雪球中很少发言，绝大多数时候只看不说或少说。今天一直佩服并关注的@闲来一坐s话投资专门写了济川，忍不住写点东西。”结果他这一说不要紧，竟然写下了1300多字的大段点评，披露说，济川药业是他A股第一重仓股，并且还违反了他熊市不补仓的原则。网络的奇妙之处就在于，两人或许远隔千山万水，也不识得对方的尊容，然而一次思想的真诚碰撞、一次投资见解的深度交流，便互

---

① 写本序之时，市值已达391亿元，两年三个月的时间上涨118.44%——十足的大牛股。

相熟络起来，甚至有一种“他乡遇故知”的感觉，于是我便关注起这个“投资者吴飞”来。之后，我们在投资上便有些交流，在互相分享的文章上也互有点评，但总体上讲，对他的整个投资体系我还并不清晰。

2018年4月23、24日，央视二套财经频道《交易时间》的《投资者说》节目，连续播出了两期《吴飞：被动转主动价值投资进化论》，讲述了一个小股民从惨败到稳赢的成长故事，故事的主角就是这个“投资者吴飞”，于是我这才识得其“庐山真面目”，对他过往的投资经历有了个大概的了解。老实说，央视《投资者说》这个节目，虽然是倡导价值投资，但由于传媒的特点，或者也由于时间的限制，似乎节目更强调故事主角的故事性，而对投资人的整体投资体系常常缺少清晰而全面的介绍，所以，我对吴飞的整个投资体系虽然有了些了解，但总体上还是感觉若明若暗。后来他突然私信于我，说他写了本书，并且特别希望我写个序，他说：不只是因为我德高望重，功力深厚（呵呵，对我过誉了），更因为我们都是上班族，而且是经历过市场考验的、在股市上取得一定成绩的上班族。而他的这本书，主要的定位就是为上班族而写的。所以，他认为我是他心目中的最佳人选。我在“受宠若惊”之余，如实说，并没有直接答应他的要求。因为在我看来，凡为书作序者，一者当是投资界的大家，至少当是台面上的知名人物，而我充其量不过是个股市江湖上的“草根儿”；二者，更为主要的是，我对吴飞的投资体系还是不大清晰的，而“道不同不相为谋”，至少在价值投资的根本投资理念上当是一致的，如是，才觉得既不“委屈”自己，同时也不愧对读者朋友。于是，我便浏览了他发表在雪球上的50多篇原创重点文章，并重新观看了央视对他的采访，仔细研读了他寄给我的部分书稿，也因此，吴飞的投资理念、投资体系才在我的脑海里“立体”起来，以至于竟有了些写序的冲动！

是的，他的这本书主要是针对上班族而写的，并且提出，体制内的上班族也完全可以找到让自己实现财务健康、财富自由的通道，而这个通道是：投资于包括优秀企业股权在内的金融资产。这一点，我与吴飞有着深深的共鸣。因为中外股市的发展史已经证明，优秀企业的股权资产是个人、家庭最值得配置的金融资产，而且就长期来讲，其收益是要大大超越其他金融资产的。但是为什么股市中人又大多逃脱不掉“七亏二平一盈”的魔咒呢？除了他在书中分析的专吃散户、稳赚不亏的“三大鲸鱼”，即国家印花税、券商佣金、大小非减持等客观原因以外，主要的原因还是在于散户自身频繁交易、追涨杀跌等非理性操作。在这个方面，他是有着非常沉痛的教训的，但正是他这种痛彻心扉的经历与感悟，使他终于总结出个人普通投资者在股市上的长赢、稳赢之道。他说，大道至简，四策足矣。为此，他介绍了老僧入定法（定投指数基金）、守株待兔法（低价买入优质高分红行业龙头股）、龟兔赛跑法（“五好”法，即好生意、好企业、好价格、好仓位、好耐性）、十年树木法（超长期买入优秀股权投资法）。依我个人的投资经验来度量，这四种策略、方法是适合我们普通投资者的，如果运用得当，是能够规避自己在股市中“人为刀俎，我为鱼肉”的“韭菜”命运的。

从书中看得出，吴飞先生是一个勤奋好学、善于思考的投资人，他不仅认真地钻研了格雷厄姆、费雪、巴菲特、芒格等国外价值投资大师们的著作、传记，对国内一些著名的价值投资人、投资大V的书籍也浏览、钻研很多，并在此基础上形成了自己的投资体系。

最后再说说我们“上班族”。应该说，作为有着一份固定收入的上班族，可能一生之中大多数时间是会处于“撑不着、饿不着”的财务状况。然而，面对市场经济的大潮，面对生活的各种压力（如房贷、赡养父母、教育孩子、疾病等），对于财富的追求又常常让我们怦然心动。虽说钱不是万能的，但是钱还是能够解决人生中大部分的问题。特别是上班族，无论你如何努力（当然职业努力还是第一位的），发展到一定程度，大多数人一定会遇到事业上的“天花板”，而在不影响工作的前提下坚持股市投资，且在正确的方向上坚持下去，投资的天花板似乎永远不会到来，反而随着复利的增加，有可能进入财务健康（年财产性收入大于年固定性收入），甚至达到财富自由的美好阶段，这是不是又很令人向往呢？

这里，我想起《穷查理宝典》的序言里有一段话，或许对于我们普普通通的上班族更有些启示：

“查理（即是查理·芒格先生）是一个完全凭借智慧取得成功的人，这对于中国的读书人来讲无疑是一个令人振奋的例子。他的成功完全靠投资，而投资的成功又完全靠自我修养和学习，这与我们在当今社会上所看到的权钱交易、潜规则、商业欺诈、造假等毫无关系。作为一个正直善良的人，他用最干净的方法，充分运用自己的智慧，取得了这个商业社会中的巨大成功。在市场经济的今天，满怀士大夫情怀的中国读书人是否也可以通过学习与自身修养的锻炼，同样取得世俗社会的成功并实现自身的价值及帮助他人的理想呢?”

请注意其中的关键词：靠自我修养与学习取得成功；用最干净的方法——自己的智慧取得成功。吴飞先生的投资实证，也包括我本人的投资实践证明，这条路子是完全走得通的，并且更为关键的是，这条路子在今天的中国股市一点也不拥挤！

张居营（@闲来一坐 s 话投资）

资深投资人、雪球大 V

著有《给业余投资者的十条军规》

2018 年 6 月 18 日

前　言

股市——七亏两平一盈，如此说来，真正能在股市盈利的人只有一成。赢的概率如此之低，为何大家仍然乐此不疲？

股市是个很神奇的地方，每个人都觉得自己会是那赚钱的10%，赌性心理存在，偶尔的盈利更会加深这种幻觉。赚了，兴高采烈，到处宣扬，恨不得告诉全世界；亏了，垂头丧气，默默忍受，打掉牙齿往肚里吞，只好换个方法再来一次。

如此循环，输多了，输怕了，得到教训，发誓再不入股市，但行情一旦转好，心痒难耐之下，又忍不住再次杀入。几个轮回，耗费了精力，浪费了时间。更要命的是，赢，赢得不明不白；输，输得莫名其妙。做技术分析，查经典案例，读股市经典，投入巨大的精力如果换来的仍是亏损，真是心有不甘！莫非普通投资者在股市的命运就是必然亏损？

入市买卖不明不白，亏的就是你。股市不乏豪赌之人，把炒股当成赌博，不是功成名就就是粉身碎骨。在笔者看来，股市不是赌场，炒股亦不是赌博，股市更多的是对人性的考验。患得患失的贪婪者赚不到钱，只有经得起考验的人，才能成为大多数人眼中的赢家。

股市有一大怪现象：投资书籍多如牛毛，投资方法层见叠出，但真正能指导股民即学即会，通过股票投资长期稳定盈利的书籍和方法却又寥若晨星。

虽为经典，不能应用于己，何用？千种方式万种方法，如果不能确保赚钱，又有何意义？赚到又会亏出去的方法，学之何苦？只能赚一时，不能赚一生的方法，能有何用？

普通投资者的共同心声是：告诉我，怎么做，能够赢！

只要能够确保长期赚钱，就已经战胜股市中90%的人！

稳赢投资，来源于自己的一个承诺：要在股市掌握方式相对轻松而且能实现长期稳定盈利的方法！

这，是一本兑现承诺的书！

全书贯穿着一个兑现承诺的宗旨：用最简单的办法、最容易执行的方式，花最少的精力，取得最稳定的盈利！

乍看“稳赢投资”，很多人都会认为：好大的口气！股市获利要是如此简单，哪还有那么多人会亏损！

请先不要急于下结论，其实我们生活中就有很多“简单但并不容易”的事情，例如保持健康，很简单，只须早睡早起，勤于锻炼，健康饮食。但这么简单的事情，又有多少人能长期坚持下去？再如提高乘车的人身安全系数，更简单：系好安全带！但每次上车就系好安全带的人能有多少？本书的投资策略也是这样，它很简单，但因为往往需要长期坚持，少则三五年，多则十余年才能明显见到成效，所以真正应用并长期坚持并不容易。事实上，任何简单的动作或事情，把时间拉长后再坚持下去就会变得很不容易。不过笔者可以保证：如果你能长期坚持数年，这四策一定能让你稳赢！因为笔者自己已经实践并成功！既然如此，你当然也可以，而且任何普通上班族都行！

而对于高水平投资老手来说，本书中的方法十分简单，大家都耳熟能详，甚至根本不值一提！本书最大的价值可能在于：这是一个过来人给新手或不成功的老手，提供的一个确保获胜的参考！

人们常常说“条条大路通罗马”，事实上也确实存在多种到达罗马的路径；但对于从未到过罗马而现在正准备去罗马的人来说，其实他只需要知道一种必达的路就好！如果前人已经证实这条路是成功的，而且又是最轻松可靠的，那就是最好的！

本书所倡导的投资方法，不需要你每天盯着股票，只要你能按照《稳赢投资》提供的理念和方法认真去做，工作之余花费少量的时间，就可以在股市长期实现轻松稳赢。

希望在本书的帮助下，采用稳赢投资策略，勤勉踏实工作的普通上班族，退休时都能“领”到“千万”退休金，仅凭自身“布局”就能安度幸福富足的晚年。

目　录

推荐序…………………………………………………………………… 001

前　言…………………………………………………………………… 001

第一章　痛悟之路 ………………………………………………………… 001

新鲜的“韭菜” ………………………………………………………… 003

难忘的蠢事 ……………………………………………………………… 009

亏的就是你 ……………………………………………………………… 011

散户也能赢 ……………………………………………………………… 018

小作业 …………………………………………………………………… 023

第二章　投资之道 ………………………………………………………… 025

投资：既要轻松，更要稳赢 ………………………………………… 027

分批撤离，绝不补仓 ………………………………………………… 028

现金贬值，但能救命 ………………………………………………… 031

手中有股，心中无股 ………………………………………………… 033

投资四步，步步为赢 ………………………………………………… 034

小作业 …………………………………………………………………… 038

第三章　**制胜之术** …… 039
老僧入定法 …… 042
守株待兔法 …… 048
退休要富足 …… 051
龟兔赛跑法 …… 055
十年树木法 …… 059
小作业 …… 064

第四章　**人生之悟** …… 065
醍醐灌顶，改变投资生涯之悟 …… 067
股灾洗礼，守住牛市成果之悟 …… 070
居安思危，保险保障财富之悟 …… 072
慢即是快，富足人生稳赢之悟 …… 077
小作业 …… 079

第五章　**进阶之路** …… 081
为什么巴菲特的投资“雪球”能滚成世界第一 …… 083
为什么巴菲特如此推崇格雷厄姆和费雪 …… 089
为什么戴维斯家族富能过三代 …… 096
“11 岁”股民的价值投资思考与实践经验分享 …… 103
小作业 …… 109

第六章　**股海掘金** …… 111
“大蓝筹”之“现金奶牛”：中国神华 …… 113
创业板之“蒙尘”白马：宋城演艺 …… 118

低调“不染尘”的稳成长“现金牛”：瀚蓝环境 ……… 132
低调稳健的“小白马”：济川药业 ……………………… 148
小作业 ……………………………………………… 165

第七章 投资之镜 ……………………………………… 167
王有道的烦恼 …………………………………… 170
张步庭的大秘密 ………………………………… 172
奥迪变奥拓：王有道的股市历险 ………………… 174
杠杆暴富的南柯梦 ………………………………… 180
“黑金”中国神华与500万元退休金 ………………… 188
该死的熔断 ……………………………………… 195
“龟兔赛跑”与“三种钱” ………………………… 209
股市如镜照人生 ………………………………… 213
最后一课 ………………………………………… 215
悠闲千万富翁 …………………………………… 219

投资理财零基础上班族的进阶书单 ………………… 222
后 记 ……………………………………………… 225

第一章

痛悟之路

新鲜的“韭菜”

每轮牛市都是“韭菜”生长茂盛之时！

“韭菜”是怎么长成的

2006年一整年的赚钱效应完全淹没了之前长达五年的漫漫熊市，经过一年的浸润，“老韭菜”冰凉的心芽开始复苏。被迫“装死”坚持五年的股民似乎看到了胜利的曙光，更加坚定了只要没有卖出就不会亏损的“真理”；“割肉”的股民也开始拨弄着心底的小算盘，惊愕地发现之前没有“守”住的个股已经回本了，肠子悔青的程度正好与“割肉”金额的大小成正比。犹豫着，纠结着，是进呢，还是再等等呢？不经意间大盘创新高了，上个月听说赚了大钱的“隔壁老王”资金竟然又翻倍了。忍无可忍，不要再忍啦，撸起袖子上吧。怕什么，反正之前已经有过亏钱的经历，自己也算是有“经验”的人了，只要崩盘前“跑”得比其他人快就好。大盘创新高之际，往往是老股民们根据经验跑步进场，撸起袖子大干一场之时，还别说，这时机真不会太差。当然，这样的老股民最大的问题是能不能按自己入市时的理想预期及时跑掉，有些可以，绝大多数不可以，因为他们难免死在“贪婪”之下：行情总在犹豫中上涨，在疯狂中坍塌；很重要的原因就是，绝大部分股民往往别人贪婪时更贪婪，别人恐惧时更恐惧。

2007年初是我的入市之年，很遗憾，入市之时没有天降祥瑞或天露异象之兆，事实上和大多数“新韭菜”入市的原因和氛围没有任何区别：牛市来了，身边很多人都赚钱了！大家都说“有钱捡”，不捡白不捡！稍有不同的是，自己比较谨慎，除了向“高手”们请教，更是废寝忘食地学习股市新知识：观察图形的主要指标均线、KDJ、MACD、布林线、成交量，反复研究，深入比对；什么“红三兵”“单针探底”“阴包阳、阳包阴、阴孕阴、空方炮、多方炮、矩形、双底、双顶”……多么专业的知识啊！真是股海无涯学做舟，双眼通红熬通宵啊！狂热的时候可以整晚不睡觉，会傻傻地把所有股票按某个指标筛选一遍，一旦找到与指标一致的个股，必有如获至宝之感，盼着明天开盘就用上这一“秘密”武器，好让自己的盈利再上一个台阶。身累心不累，即使两眼通红丝毫不改对股市的一片痴心；周末不开盘那真是百爪挠心，感觉阻碍了发财的好光阴。

事实上，大家都不傻，在不断盈利的刺激下，找到“生财之道”的“新韭菜”往往投入的精力和热情巨大，为什么最终难逃“被割”的命运呢？自己当时的心理和经历其实就是普罗大众的一个缩影。

受“股市高风险”的常规教育和某些“前辈”惨痛亏损的深刻教训，虽然被引入了股市这个“赚钱”的大集市，但入市之初为了自己不受伤害，往往投入资金比较少，美其名曰“练练手，用点小钱积累经验”。这也是股市最容易迷惑人的地方：牛市之初最值得重仓买入之时却只是轻仓玩玩，不成想这正是“韭菜”亏损之始！

因为是牛市，所有的买入短时间内就能赚钱，所有的亏损很快能填平。一买就赚，一卖就亏的事实反复将“贪婪和恐惧”的功效放大到极致。更要命的是，所有的“内幕消息”都是那么准，新学的技术指标都那么好用，各种预测都那么灵！画线工具的时时兑现总能给人一种运筹帷幄在“线”中，决胜股市之外的飘飘然感。大盘准到个位数甚至分毫不差的预测，能让你怀疑是与“上帝”同在！

很快，账户投入的资金不断增长，甚至不断翻倍；后悔买入太少的情绪日益增加，对技术和自己水平的自信打开了欲望的冲动魔阀。随着牛指的持续攀升，所持个股收益日丰，虽然网络、电视上出现警示之声，但每次调整之后都是更加疯狂的上涨，每个减仓都被证明是愚蠢的错误。加仓后大幅增长的盈利数字很快掩盖了之前数月才勉强翻倍的事实，心里暗暗定下目标：我不贪，只要盈利到××万就收手；趁现在行情这么好，把能用的、能借的资金归集起来，只翻一倍就完全退出！

醒醒吧，少年，这个市场上有多少“韭菜”，就有多少个类似于你的想法。鼓声彻底停止，你还期望击鼓传花游戏会继续进行之际，数天的亏损，结果是全部盈利回吐、亏损本金！如果此时的你能像某些老股民一样及时收手，伤害也许只是皮毛。但之前依靠所学技术、经验“盈利”的假象和此时投入资金量之大，让你成为了一个不想收手、两眼通红、妄想通过所谓独门秘籍“扳本”的赌徒！不断地摊低成本，亏损不断增大，一步一步滑向了极度深寒的“套牢之旅”。

“新股民”的特征

一是非常喜欢追逐热点，买概念股。因为这些热门股、概念股波动大，动不动就涨停，容易激发人们的赚钱热情。

二是胆子大，敢重仓个股。仓位重，短时间内赚钱才足够多。

三是十分热衷于技术分析，因为技术分析很快就能被市场验证。

技术指标在牛市很有效，根本原因在于用的人多，根据指标买入的人就多，指标会得到强化，让人感觉很有效；不过一旦后续资金跟不上，就是人们常说的“韭菜不够用”了，牛市也就结束了。熊市技术指标效果不好的原因正好相反，资金是持续流出的，技术指标会钝化，直到完全失效。

我的“韭菜”成长之路

几乎每个“韭菜”成长的历程中都有一个让自己由废寝忘食转化为寝食难安，甚至终身难忘的个股。而我经历的个股，名字叫“中体产业”——从入手时的小盈、大赚，到最终巨亏！

中体产业是2007、2008 年最火的概念股，也是涨幅高达十多倍的真正牛股。当时股市有关中体产业的重大新闻和利好铺天盖地，让人热血沸腾！读者朋友可以通过下面的几段新闻报道感受一下热度。

中体产业：借奥运暖风，火势汹涌。随着北京奥运的来临，加上中体产业在奥运项目建设中无法比拟的优势，公司品牌有望进一步增值。作为国家体育总局控股的唯一一家上市公司，运作经验和资金支持优势是显而易见的。

中体产业今年一季度业绩报告显示每股收益 0.2116 元，预计到 2008 年中期累计净利润比上年同期增长 1500% 以上，上年同期净利润为 8510845.71 元。

中体产业：会当凌绝顶，一览众山小。随着奥运会的渐行渐近，作为百年盛宴，市场主力肯定不会轻易放过如此百年一遇的炒作机会。目前，奥运板块经过 2 个月的调整，蓄势已经相当的充分；中体产业：正宗奥运龙头，新高可期。

凭借新手胆子大，敢重仓的特点，我通过重仓中体产业最高时赚了3倍，不过最终难逃"新韭菜被割"的命运。其实股灾开始后，中体产业有过很好的出逃机会。因为股灾，中体产业虽然有下跌，但很快在熊市中创出新高，当时有一种声音，认为这是可以穿越熊市的牛股。一直到2008年8月8日，万众期待的北京奥运会拉开了重仓股中体产业的雪崩之旅：一个多月从18元一口气跌至5元，跌幅超过70%（三个月后最低跌至3元，跌幅达85%）！暴跌中失去理性，甚至变得疯狂，完全没有了仓位、技术分析的概念，一心赌反弹、想"扳本"！由于中间不断补仓，资金实际亏损幅度更大，之前所赚3倍利润全数亏损，本金也被明显侵蚀。如果不是恰逢单位集资建房的大额硬性支出拉回了我些许理性，杀红眼的状态下，本金必定荡然无存，每想至此，心中总不免一阵后怕。

做一棵明明白白的小"韭菜"

这种由盈利到亏损的过程很多股民都经历过，但是其中的机制与道理，不见得人人都明白。这里笔者用一个简化的图表模型来说明为什么我们那么容易遭遇亏损。从表1－1中可以清晰地看出，以初始5万元本金投入为例，如果股民追加本金，即使连续上涨两倍，但只要下跌50%，除盈利全部回吐之外，本金还要亏损14%；一旦个股下跌80%，本金亏损将高达66%。

表1－1　本金投入与盈亏对比　　单位：万元

阶段	资金合计	涨跌幅	盈利	结余资金	本金总盈亏
1. 初始投入5万元	5	100%	5	10	100%
2. 追加10万元	20	100%	20	40	267%
3. 继续追加20万元	60	－50%	－30	30	－14%
		－80%	－48	12	－66%

无数个不眠之夜，无数次悔不当初，也改变不了割即巨亏、忍又无望的现实。熊市初期还不断地期望，迎来失望；再燃起希望，直至绝望；这种心境的折磨程度与牛市顶点时投入资金的比重是完全一致的。悲哀莫过于心死，这一过程往往直至彻底死心之时，要么“挥刀自宫”一割了之，彻底解脱；要么不敢打开那让人心碎的账户再看它一眼，每每心痛之时就在心里默念“不卖就没真亏”的神语。

就这样，等待着，等待着春暖花开，等待着一个又一个的冬去春来。也许若干年后的某一天，那个叫“牛市”的姑娘突然而来，冰封数年的种子再次芽开！只是我们的名字有所改变，不再是“新韭菜”，而是成为了“老韭菜”。经过数年的蜕变，也许在无数的种子之中，有一些变成了真正的“老股民”，极少一部分可能变成了“投资家”……

难忘的蠢事

巨亏后无限痛苦、悔恨、失望、迷茫的复杂情绪交织在一起，持续了很长一段时间，但理性思考后心中却燃起一股不服输的劲头：现在自己还年轻，跌倒了未必不是好事！整理心情，一定可以重新站起来。于是暗暗发誓：今天在股市失去的，以后定要加倍拿回来！

时间是治愈伤口的最佳良药，但失败必须要牢记！怎么牢记？每个人都有自己的方式，我的决定是做一件能够让自己终生难忘的事情，把股市的失败刻入灵魂深处。

虽是终生难忘，但其实是一件挺难为情的蠢事：2008 年国庆节，在“火炉”长沙最热的正午一点，顶着烈日，身穿篮球服，只带 2 元钱（不为乘车，只是计划中途买瓶水，防中暑），沿着烫脚的柏油马路徒步 20 公里。

徒步初始，心情还挺兴奋，脑海不断回想着入市来的点滴操作，时而欣喜时而悔恨、时而亢奋时而低沉……复盘过无数遍的 K 线在脑海中周而复始地重现。

毒辣的骄阳很快侵蚀着神经和意识，三小时后只剩下机械的行走，原计划 6 小时的徒步逐渐变成一个似乎看不到尽头的旅程；沉重的步伐拖曳着疲惫的身躯，心中唯一的信念就是：这是自己应受的惩罚，必须要做到终生难忘！

晚上十一点，终于到家的我瘫倒在沙发上，醒来时已是隔天的凌晨时分。脚上几个大血泡稍稍活动就钻心地痛，脱下球服的地方完整地印出了一套崭新的“人肉球衣”。看着镜中被暴晒后变得红黑的皮肤，自己却像一个小孩般开心地笑了。

虽然惨败，但放下心理包袱后，人就恢复了理性，通过反思，感觉自己技术分析的路子肯定是走错了。于是第二天，我把入市以来辛苦研究近两年的一大堆技术研究资料全部烧掉。

虽然 2009 年股市大反弹，但此时自己已经彻底决定抛开技术分析，要求自己做到完全不看股市，只看投资书和思考。每次心痒难耐想重新进入股市的时候，就问自己一个问题：

现在入市投资，有绝对的把握可以做到稳赢吗？

每次回答都是否定的，这样次数一多，慢慢心就平静下来了，不再急于赚钱，因为我清楚，这样赚到的钱迟早会亏回去。

亏的就是你

惩罚不是目的，弄清楚失败的原因并找到真正的解决办法才是最重要的事情。之前的路虽然被实践证明是错误的，但到底错在哪里？

回头想想，初入股市的我，与典型的“韭菜”并无二状。痴迷技术分析，热衷小道消息，在追涨杀跌中身心俱疲，辛苦劳累过后仍难逃亏损。经历 2007、2008 年的大牛大熊、大起大落，受伤更深。

散户的三大“天敌”

“七亏两平一盈”，但凡进入股市的朋友，都听过这句股谚。初时，我们都会认为这只是一种规律，主要是体现个人水平差异，是和二八定律一样的普遍现象。然而，经过深入分析和反思，你会惊讶地发现“七亏两平一盈”的背后却是你为鱼肉、任人刀俎的赤裸现实。深刻认识到这一现实的时候，正是自己投资水平升华、质变的时刻。

抛开股市的表征，才能真正看到股市背后的真实。通过深入学习和思考，我深感我们共同参与的这个股市，是完全不对等的市场，是普通投资者艰难生存的市场，是普通投资者注定被吃的市场。散户有天敌，绝大多数散户注定被消灭！

为什么这么说呢？因为这个市场有国家税费、券商佣金、企业“大小非”三类专吃散户、稳赚不亏的“大鲸鱼”。

印花税

不管你是赚是亏，无论牛市熊市，国家税费的收取是固定的、持续的。以前是双向，现在稍好，变成单边。我们平常交易的时候一般不会在意那几块钱，但国家抽走的税费就是蛋糕本身的一部分，而且总量比我们想象的大得多。

财政部公布数据显示，2015—2017 年我国证券交易印花税累计 4873 亿元。2015 年证券交易印花税 2553 亿元，同比增长 2.8 倍；2016 年证券交易印花税 1251 亿元，同比下降 51%；2017 年证券交易印花税 1069 亿元，同比下降 14.6%。（见图 1－1）

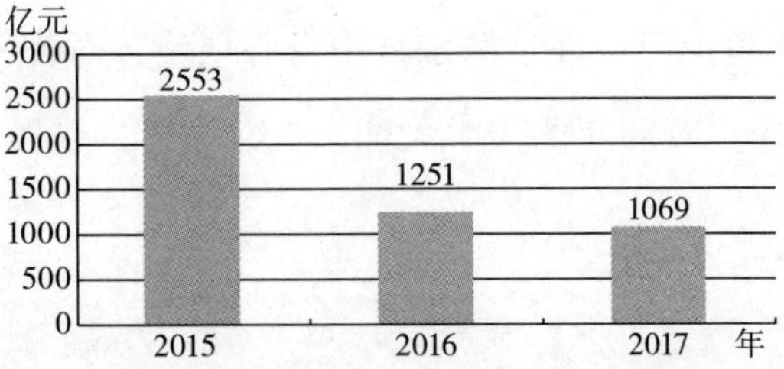

图 1－1　2015—2017 年我国证券交易印花税流出情况

券商佣金

只要我们有交易，无论盈亏，手续费是必不可少的，对于券商来说这是稳赢的部分，交易量越大，券商收益越大；牛市一至，总能赚得盆满钵满。券商业内流行一种说法：三年不开张，开张吃三年，就是对这种情况的真实写照。

相关公开数据显示，2015—2017 年我国券商佣金累计 4897 亿元。2015 年据同花顺数据统计，券商全年共揽入佣金 2764. 3 亿元。2016 年据同花顺数据统计，券商全年共揽入佣金 1275. 83 亿元。2017 年据 Wind 数据统计，券商全年共揽入佣金 857. 78 亿元。（见图 1 - 2）

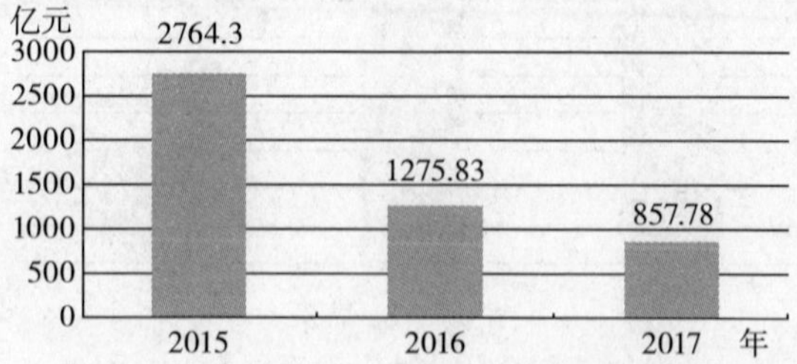

图 1 - 2 2015—2017 年我国券商佣金情况

企业“大小非”

企业“大小非”通俗讲，就是企业的大小股东，这个群体占据着企业绝大多数股份，更重要的是他们的持仓成本十分低，原始股本一般都是一元一股，多次分红送股后甚至是负成本。大小股东创立一家上市企业是十分艰难的，从某种意义上来说，只要上市，股本增值的收益无论多少，都是他们应得的。但我们作为普通投资者应该理性地看到，三年锁定期一满，“大小非”解禁那一刻起，大小股东是随时可以兑现利润的，事实上也是如此。

相关公开数据显示，2015—2017 年“大小非”减持金额累计 10457 亿元。2015 年据 Wind 资讯统计，1175 家上市公司“大小非”合计减持金额高达 4566 亿元。2016 年据中国结算的数据统计：沪深两市累计办理解禁的限售股 4837. 06 亿股。在已解禁的限售股中，通过二级市场累计减持 838. 63 亿股，其中，大非股东累计减持 404. 6 亿股，小非股东累计减持 434. 03 亿股。仅以每股均价 5 元（事实上价格普通更高）计算，减持市值就高达4200亿元。2017年根据Wind数据统计，减持公司1261家，减持131.48亿股，减持市值为1697.95亿元。（见图1-3）

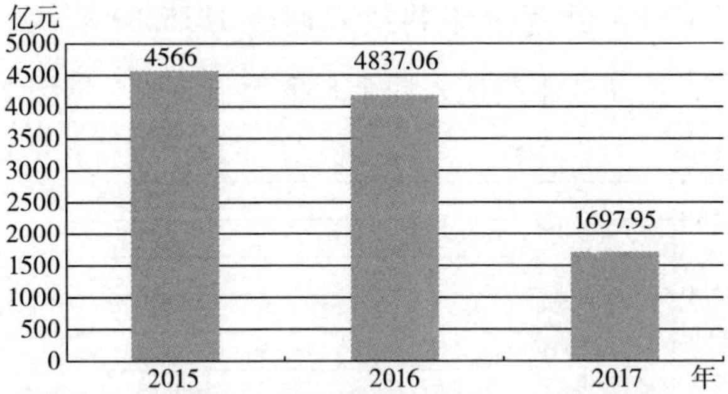

图1-3　2015—2017年我国“大小非”减持情况

三大群体与散户的资金对比

据上述统计可以清晰地看到，三大群体三年累计从市场分流资金超过2万亿元。要知道，这些资金都是从存量资金池划出去，而且绝大多数资金不会再回市场，这就意味着全体投资人的蛋糕被分走了绝大部分。（见图1-4）

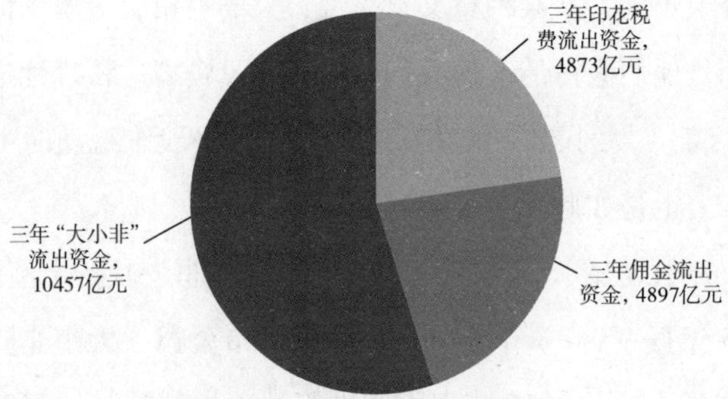

图1-4　三大群体资金消耗

中国股民号称过亿，但实际上很多是无效账户。2016年11月，中证登发布统计数据，如表1-2所示。

表 1-2　中国 A 股股民分布

期末已上市的A股流通市值（元）	自然人		机构		合计	
	投资者数	比重（%）	投资者数	比重（%）	投资者数	比重（%）
1 万以下	11,752,886	23.92	4,368	6.11	11,757,254	23.89
1 万~10 万	23,504,415	47.84	7,949	11.11	23,512,364	47.78
10 万~50 万	10,608,719	21.59	10,649	14.89	10,619,368	21.58
50 万~100 万	1,849,412	3.76	5,932	8.29	1,855,344	3.77
100 万~500 万	1,250,229	2.54	13,301	18.59	1,263,530	2.57
500 万~1000 万	103,303	0.21	5,263	7.36	108,566	0.22
1000 万~1 亿	62,160	0.13	14,012	19.59	76,172	0.15
1 亿以上	4,791	0.01	10,058	14.06	14,849	0.03
合计	49,135,915	100.00	71,532	100.00	49,207,447	100.00

数据来源：中证登（截至 2016 年 11 月末）。

从表 1-2 和图 1-5 可知，中国 A 股有效股民人数约为 5000 万人，其中 23.89% 资金在 1 万元以下（估计很多是无效的休眠账户），47.78% 在 1 万~10 万元，七成投资者投资总额在 10 万元以下。该统计结果也充分证实了大多数人确实只是“玩一玩”。

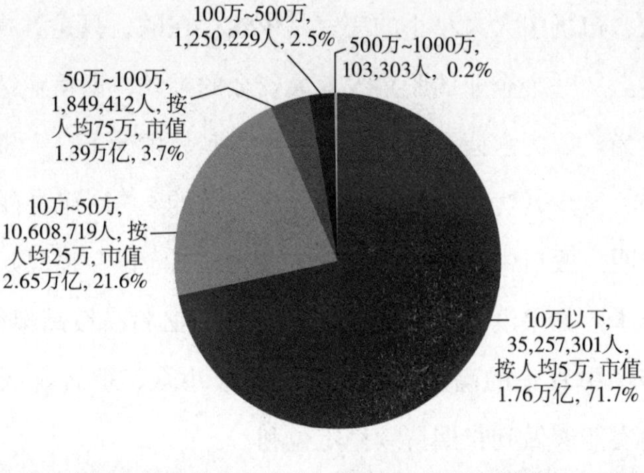

图 1-5　中国 A 股自然人（散户）数量及对应市值估算（单位：元）

血淋淋的事实如下：占比 71.7% 的资金量 10 万元以下的散户，以人均 5 万元计算，市值仅 1.76 万亿元。这意味着这七成多的散户投入资金即使什么都不做，全部资金仍不够填补三大群体 2015—2017 年从股市“吸走”的 2 万亿元资金。

如果将视角进一步延伸，意味着五到七年左右的印花税费、佣金、“大小非”减持金额，基本消耗掉了 80% 散户的资金。这也从侧面解释了为什么一轮牛熊交替都需要七年左右的历史规律：因为老散户被消灭需要时间，新散户需要下一轮牛市才能生长！

对手远比我们想象的强大

全体投资者的蛋糕经上述三类对象瓜分后，只剩一小部分给数量巨大的散户分配。散户们似乎可以松一口气了，然而，残酷的真相还远不仅如此，要想从仅剩的蛋糕中抢下一口食，仍是极困难的：因为他们还要面对经验、实力都完全不对等的几类人。

一是各种利益集团。利益集团有多种，虽然现在市场越来越规范，但不可否认，市场中大大小小的庄家是依然存在的，只是方式方法略有不同。事实上，一个企业的股票没有大资金的推动，即使业绩再好，股价也难有作为。因为掌握了先天优势，绝大多数情况下，大资金基本上也是稳赢的，至少其优势是我们散户无法比拟的。“徐翔事件”就是一个很好的证明。股市中存在多少庄家？多少“徐翔”？每只妖股背后都有他们的影子。如果没有“股灾”，“徐翔们”必将持续高幅稳赢下去。

二是市场中真正的高手、老手。虽然极小众，但资金大、体系稳定，他们确实能够做到长期持续稳定盈利。

三是其他与一级市场中的企业密切接触的人。虽然不是企业高管，但他们可能本就工作于其中，各种先发优势是普通小散无法比拟的。

资金小、经验欠缺、精力投入少的普通投资者冲进股市试图分享蛋糕的做法无异于手持刀棍、头戴红巾、光着臂膀高喊“刀枪不入”冲向八国联军枪口的义和团，九死一生的命运是必然的，即使某次偶然好运不死，只要没有退出战场，最终倒下也只是时间问题。

在这样的背景下，如果仅凭自己一腔热情，一厢情愿地认为投资容易，胡乱跟风投资，你不亏，谁亏？亏的就是你！

如此艰难的道路你准备好了吗？

散户也能赢

痛定思痛后，我开始暗暗立志：要找到长期稳定赚钱而且相对轻松的道路，否则绝不再入股市。

股市：仍是一个魅力四射的场所

为什么经历亏损，而且深刻认识到股市很难赚钱的情况下，还要坚持下去？因为自己很早以前就认识到：股票投资是少数投资者可以越老越值钱的行业。

股市有一句经典：股市就是一个用钱买经验，用经验换钱的地方。如果打定主意长期投资股市，自然是越早投入越好，因为同等情况下经验越多，优势越大。

另一个重要原因是，股市和高考一样，都是相对公平的竞争场所。股市对参与者一视同仁，从不厚此薄彼；投资者不用挖空心思搞人际关系，不必费尽心机讨他人欢心。股市不讲关系，不看资历；没有学历要求和年龄限制，没有资金要求；股市奉行优胜劣汰，只要你是金子就能发光。可以说，你有多大本事，就能赚多少钱，上不封顶，当然也是下不保底。

投资的目的：美好幸福的生活

为什么要求自己不仅要确保赚到钱，而且这钱要赚得轻松？成功的方式千万条，在股市投资获利的办法更是不计其数，但有些方法几乎把人“绑定”在股市 K 线前——需要投资人的神经时时紧绷，精神高度集中，简直就是一台交易的机器。这些方式，短时间内身体尚可承受，时间一长自然容易导致健康问题。即使赚钱了，如果身体垮了，人生还有什么意义呢！我们不能年轻时为了赚钱拿命去拼，等将来有钱了再拿钱去买“命”。

投资的最终目的是什么？是追求更美好幸福的生活，是希望通过投资成果可以转化为更好的物质条件和充分的时间自由。如果一开始就失去了这些，奋斗本身就已经没有了意义。

但是，股市真的有确定能赚钱，而且能够轻松赚到钱的道路吗？

答案是肯定的。

看清股市不易是为了更好地投资于股市，是为了打消一夜暴富的妄想，剥开股市可以轻松赚钱的假象，真正做到理性看待市场，敬畏市场。心态调整好后，要充分发挥自身优势，做到扬长避短，立足打有准备之仗！

如何战胜“天敌”

《孙子兵法》曰：“胜兵先胜而后求战，败兵先战而后求胜！”意思是说，胜利之师是先具备必胜的条件然后再交战，失败之军总是先同敌人交战，然后祈求从苦战中侥幸取胜。用现在的话就是：胜利之师不打无准备之仗。作为一名普通投资者，我们首先要思考如何不被前述“天敌”消灭或损伤。

首先，面对国家税收和券商佣金，最好的应对方法就是减少交易！频繁交易是“杀”死“散户”的主要真凶之一。看似不经意的交易，每次的税收和佣金似乎仅几、几十、几百元，但长年累月下来，损耗超过我们的想象，每年总的费用可能高达数千甚至几万元。

2016 年中国证券投资者结构全景调查结果显示：投资者选择持股时间为 1 ~ 2 年的比例为 17.37%，选择持股时间超过 2 年的比例仅为 8.86%；绝大部分投资者一般持有一只股票的时间都不超过 1 年，有投机和过度交易的现象，短期内频繁交易造成了交易成本的大幅上升。

有兴趣的朋友可以做个统计，这非常简单，只需要将历次的交割单进行简单汇总就行。笔者自己曾经对着多年前的交易清单目瞪口呆，实在无法想象交易费用有如此之大！我也曾帮过一位从未查看交易费用的朋友做过统计，结果惊人：因为短线交易多，五十万的资金，年交易额竟然破三千万，年交易费用超万元，而且因为交易风格固定，几乎年年如此！他深叹道：以前自己好像每年也赚了钱，但这些年来，投入不少，却没看到盈利有多少增长。今天看了交易统计单，才知道“真凶”在此！要知道，这些消耗完全是隐形的，是可以避免的。

其次，对付“大小非”，其实也不难：少碰或不碰还有天量未解禁的股票。股票全流通一段时间后，“大小非”问题会明显淡化，因为该卖的、要卖的早卖了。

最后，对付“徐翔们”，相对来说也不难：收起一夜暴富、“赚快钱”的贪婪之心，少碰或不碰“妖股”、重组股、题材股等。

至于股市高手们，多向他们学习即可。而且这个市场足够大，普通投资者与股市高手完全可以并存。

散户的优势

散户最大的优势，一是钱闲等得起。大资金有优势，但它们的优势是相对的，如果将时间拉长至数年，它们是绝对耗不起的，因为它们的资金有较高的时间成本。散户只要是用闲置资金投资股市，三五个月甚至三五年不用都不会影响生活，也绝无资金压力的问题！大资金就像万吨轮船，转向掉头是需要巨大空间和足够时间的，但散户则不同，因为资金量少，它就像一艘小快艇，随时可以在股海中自由航行。

散户的第二个优势是目标可以很少。市场很大，股票成千上万，身处其中，犹如刘姥姥进大观园，容易摸不着头脑。但作为散户，如果能够清醒地认识并做到固守能力圈，只关注或操作极少部分优秀企业的股票，就足够保障收益率。大资金信息来源广，资讯含金量高，但相对应的短板却是目标太多，容易分散精力，反而很难专注于少数目标。

综上所述，散户取胜之道应该是：通过减少交易频次，降低税费和佣金，规避大规模未解禁及有问题的股票，以长期投资为导向，选择少量优秀企业，固守能力圈，坚持自己的原则，耐心等待必胜的机会战而胜之。

最好的选择

随着社会地位的提高，工资收入的增长，家庭收入必然增加，可支配资金也逐步增加。常言道，人不理财财不理你！但现实情况是可投资渠道过窄，人们可选择面不大：银行理财产品收益不高，银行利息更是低得可怜；P2P 风险太大，实业又投资不了；房地产政策变化大，周期长，而且一次性投入资金多，且很多城市都已经限购！普通人还有更合适的投资方式吗？

有！股票投资——这是一条国家政策允许、投资透明、资金量不受限制，直观体现投资水平高低而且可长期持续增长的合适道路。

2001 年中央印发的《关于党政机关工作人员个人证券投资行为若干规定》明确提出，党政机关工作人员将其合法财产以合法的方式投资于证券市场，是对国家建设的支持。2016 年 1 月 1 日起开始施行的《中国共产党纪律处分条例》也没有禁止党员合法炒股。

从相关规定可以看出，党政机关工作人员个人是允许炒股的，当然也是有条件的，比如：不准利用职权、职务上的影响或者采取其他不正当手段，索取或者强行买卖股票；不准利用内幕信息直接或者间接买卖股票，或者向他人提出买卖股票的建议等。此外，利用上班时间买卖股票也是违反工作纪律的行为。

股市投资者中，除少数专业或职业投资者外，绝大多数人都是普通工作人员，利用业余时间，投入自己的辛苦钱，期望能取得长期稳定收益。事实也证明，正确的股市投资确实是人们最好的理财之道。

小作业

请将您历年的交割单统计一下。很简单，只需要从证券公司的操作系统中按时间段导出交割单进行汇总即可。很快您就会发现自己付出的印花税费和佣金，比自己想象中的要多得多。

对照统计单，您还可以进一步分析，看看自己持股最长和最短的股票分别是多长时间，平均持股时间是多久。再按照自己买卖的时间点，结合股票的后期走势，分析一下之前操作的得失。

小作业的意义：就算是“韭菜”，我们也要做一兜明明白白的“韭菜”！

第二章

投资之道

投资：既要轻松，更要稳赢

我的投资目标可以简单表达为：用相对轻松的投资方式，获得绝对的正收益，争取做到家庭资产长期稳定增长。通俗一点说，就是要轻松稳赢！

作为一个成熟的投资者，首先应该考虑投资的道，然后才是具体的操作术。只有方向选对，解决大问题，规避大风险，在此基础上的一切操作才有意义和价值。2015 年股灾中，众多老手栽了，他们从技术层面和心理层面来说应该是没问题的，我猜想可能最核心的问题还是出在道上：选择了一条只有万分之一可能失败的道，一旦这万分之一不幸出现，却会导致不可挽回的百分之百损失。

最理想的投资莫过于买入后就永远不要卖出，但这种择股能力和坚守耐性非普通人所能为。作为上班族，水平和能力有限的情况下，只好退而求其次，尽量争取做到抓住大机会，规避大风险。

分批撤离，绝不补仓

如何才能保障投资的绝对安全，从而实现绝对盈利呢？

善于抓住投资中的大机会

严格做好资金仓位的管理，把握系统性机会，规避系统性风险。不轻易满仓，以确保攻防灵活。只有当真正的历史性大机会来临，才考虑高仓位或满仓位。这种机会基本上一个十年内只有一到两次，所谓大机会值得大投入，把握住了，财富十年能上一个台阶还有什么不知足的呢！

根据笔者的经验，这种机会出现时有几个明显特点：一是身边基本上没人谈股票；二是5%以上高分红的个股大量出现；三是股市大多数个股股价波动很小，跌无可跌，涨又难涨。

巴菲特曾提出一个判断市场估值高低的原则：市场总市值与GDP之比的高低，反映了市场投资机会和风险度。经过自己的实践，笔者感觉确实很简单实用：当前的股票总市值除以当年GDP总额，如果低于0.5就是好机会，如果高于1则面临风险。这种机会不会转瞬即逝，至少是以月为单位的时间周期，所以可以从容布局。2009 年的小牛市只是 2008 年急跌后的大反弹，2005 和 2006 年、2013 和 2014 年的 A 股和 2016 年的港股都是以年为时间周期的，也只有这样的大机会才真正称得上是系统性机会。一旦这种机会出现，无论市场行情如何，都要敢于出手。没有人可以买到绝对底，分批按计划买入个股，成本就会在相对的大底部。

规避系统性风险

与大底相对应的是大顶，官方的说法叫系统性风险，它比个股的风险其实大得多。以 2015 年股灾来说，全部股票跌停的时候基本上已经与个股没关系！

1969 年巴菲特解散合伙公司，给合伙人的信中写道："在过去的二十年中，对于数量（定量）分析方法所能把握的机会之水已经逐渐干涸，到今天可以说是已经完全枯竭了。"很显然，他非常担忧股票市场因投机而造成崩盘。巴菲特痛下决心解散了全部合伙公司，并且忍耐了好几年市场的巨大泡沫，但也因此逃脱了 1973—1974 年的全球股市灾难。查理·芒格的合伙公司却没有幸免，1973—1974 年，连续两年出现接近 31% 的亏损，这也将芒格合伙公司前 11 年差不多一半多的盈利抹掉了。所幸的是，芒格抗住了压力，坚持持股不动，终于在 1975 年迎来 75% 的盈利反弹。

即使强大如查理·芒格，面对股市的系统性风险，也连续两年出现接近 31%（累计超过 50%）的亏损；然而，普通人很难像他一样有高超的选股水平和超强的心理抗压能力，能坚持到胜利。所以，笔者认为，市场在极端情况下，系统性风险的规避还是很有必要的。每个老股民都有自己的方式，笔者的方法分为两部分。

分批撤离

分批是为了分享最丰厚的冲刺果实，分批是为了确保个股在面对真正反转时市值最小，损失最低！深知自己水平有限，对于大顶和大势的判断是完全没有把握的。所以，唯一能应对的方式只能是主动撤离！什么时候撤？怎么撤？相信每个人都有自己的方式，我的很简单，不要等待市场的顶，而要设好自己心中的顶！可以根据个股类型的不同，以及预先的企业估值选择一倍或几倍为目标顶。死守的个股达到预期目标，第一步回收全部本金，让利润奔跑。这样有一个很大的好处，即因为成本为负，面对任何冲击心理压力都要小很多，有利于更长期持有剩余股份。第二步，个股股价达到自己预设最高目标，则轻仓；还保有一定市值，能轻松面对调整和冲高！坚守每只个股每股只卖一次的原则，卖出的部分彻底退出，不再进行任何买卖，全部转为固定理财资金。

绝不补仓

有句股谚："新手死在逃顶上，老手死在抄底中。"这是有道理的！新手不知道获利了结，顶部来临时不知道出局，特别是下跌后不愿意卖出，结果被套在高位；而老手由于有被套的教训，顶部跑得比较快，但因为贪婪，股票在下跌过程中容易凭"经验"不断加码，总以为自己会摊平到最低处，结果越套越深。

历史经验告诉我们，熊市初期最理想的方式是空仓。如果开始有序分批撤离，就一定要坚决告诫自己：熊市不抄底，不补仓！心魔往往难除，可以选择将分批撤出的资金买入一年左右的银行理财或信托，从根本上管住自己。

现金贬值，但能救命

现金如氧气

现金如氧气，它的价值我们平时感受不到，只有在极端情况下才能深刻体会，看似持续贬值的现金却是保命的氧气瓶。笔者曾多次研读卡拉曼的现金管理理念，也曾慨叹巴菲特等投资大师长期“傻傻”地持有大量现金，接受了长期保持部分现金缓冲的思路；但是，现实操作中总感觉现金回报太低，明显拉低了总体收益率。现在看来，其实还是理解不透彻。

投资需要缓冲

2015 年那场史无前例的股灾让我有了全新的感悟：没有大机会前，对仓位要保持足够的谨慎，虽然保守肯定会失去很多机会，减小总收益率，但这是自己绝对不会被市场“吃掉”的重要保障。著名投资家杨天南先生的观点是，要能通过股市投资“解决问题”！而绝不是拿出生活中可有可无的一点资金去操碎了心。当资金达到一定级别后，或者投入家庭大部分资金的时候，绝对盈利就变得格外重要了，因为这是“保命钱”！少赚一点不会造成生活质量的改变，可以让自己在这个市场长期稳定地活下去，但再多赚一倍的欲望却可能会使自己的财富陷入大幅缩水甚至灰飞烟灭的大危机。低仓位的收益实际上对比很多人愿意将钱存银行吃5%左右的利息来说，在保有巨大安全缓冲的前提下，资金的总收益率超过银行利息，还是比较有把握的。不要给自己定任何目标，重点关注资金的真正安全和绝对正收益，就能长期立于不败之地。作为一名正常工作的普通投资者，放下股市短期暴富的贪念，做到工作之余有一份稳定收入的“副业”，才是理性的选择。

手中有股，心中无股

投资股市，买卖股票，心态很重要。手中无股，股市大涨大跌与己无关，自然没有了股市带来的压力和兴奋，回归一种自然的平静。一旦买股，股价就如一根神奇的魔线，将心脏与跳动的数字紧密相连，与账户变动的金额时时联动。其实，作为一个非职业投资者，如果要付出诸多精力，面对重重压力，实在得不偿失。以一种相对轻松的方式投入，慢慢做到手中有股，心中无股，才是一种理想的境界。事实上，做好前期功课，减少对股市的关注，减少操作频率，按计划有步骤地进行投资才是正果。

投资四步，步步为赢

知易行难，根本的解决之道是要找到一种适合自己的可行的好办法，其实这就是要形成适合自己的操作系统。方法无所谓好坏与高低，只要适合自己，能长期稳定赚到钱即可。

我的操作系统分四步：选好目标、做好计划、等待时机、坚决施行。这四个步骤缺一不可，顺序承前启后，不能变更；四步环环相扣，最终目标都是为了实现稳赢。

选好目标股，建立股票池

建立股票池的意义：作为非职业投资者，可以将市场中无限的信息有效大幅缩小，有利于将有限的精力聚焦于狩猎目标，减少市场无效信息和杂音对自身心态、精力的影响，从而实现相对轻松投资的目的。

进入目标库的条件：一是与自己的选股方式相符，杜绝随机选股和买股；二是符合能够长期持有，最多只亏时间不亏钱的特质；三是能让自己敢于在合适的价位重仓介入，低位有信心和决心加仓。

选股方式：一是优质低价高分红股，二是选择绩优成长股。

很多时候，我们如果仔细想想自己的时间，会发现多数时候做的都是无用功：周旋于新闻热点、股市行情、各种评论和推荐。似乎很忙，其实是瞎忙。这与投资真谛“远离市场”背道而驰，于自身的投资水平和投资业绩提高也是弊大于利。作为普通投资者，笔者深感只有适合自己的才是真正需要的，要少而精；要少管东南西北风，只顾自家小股池。一旦逐步形成自己的股票池，就不随便加入，不然市场太大，个股太多，信息太杂。

真正需要投入精力的是，深入研究池中的股票，长期跟踪。关注的股票控制在20个以内，重点关注目标不超过十个，理想情况下只买五只，但绝不少于三只。不同的投资阶段，持股数量基本上在这个范围内，也不需要刻意定死多少个股，完全是有多少合适就买多少，关键是依事实而定，达到目标价位就开始分批买入，谁先到就买谁。

笔者的个股来源主要有三种：一是历年操作过的老股，如云南白药、格力电器、中国神华、深赤湾等；二是在日常生活中发现的，如宋城演艺——观看炭河千古情，济川药业——小孩生病时经常用到的蒲地兰，爱尔眼科——家人做近视手术，广联达——开设专门软件课程，友阿股份——逛商场等；三是与优秀投资人接触发现，并符合自己的投资体系，有认同感且通过深入研究认可的对象。对于第三类，要用自己的方式去验证考察，真正合适再买。

为了解决“离市场太近”这个难题，采取宜疏不宜堵的方式：将精力放到值得关注的信息和对象中去，间接挤占无效时间。一是重点关注个股的各种财报、报道、新闻等公开信息；二是查阅高水平的个股的深研资料。每个持股对象从研究开始，要逐渐形成自己的数据库和资料库。时间长了，慢慢就会形成远离市场杂音的好习惯。

做好投资计划书，设定买入卖出目标点

投资计划书就像前行中的地图，可以高效地指引自己抵达目的地。尤其在前路迷茫时，可以充当指南针和指路灯，让自己的内心强大起来，为打败贪婪和恐惧提供可靠的保障。

首先，以基本面分析为基础，买点的把握以股价测算值结合股价历史最低点或前期重要突破点，分批买入，原则上至少拉开20%的空间才买入第二批；计划资金分三批，原则上只买两批，第三批相当于预备队，是用于救援第二批的。其次，买入后，如果向下波动，按原计划买入第二批；如果向上波动，则在20%左右时卖掉一部分，最好将持仓成本降低至历史最低或相对近期最低价，这样操作最大的好处是有利于长期持股好心态，这个经验笔者可谓屡试不爽。第三批是预备队，用于驾驭波动，应用得好，每只个股都可以主动抓到最低价。

等待时机、坚决施行

这两者往往是同步进行的：时机未到，不动如山；它要求不提前，不妄动；如果错过不遗憾，不后悔。反之，时机一到，坚定执行；它要求不犹豫，不少量；如果再跌不恐慌，不焦虑。重点关注真正优秀的个股和企业。跟踪目标好股，设定买入、卖出目标和框架，按计划分批买入、卖出，做好中长期持股准备。

知道做不到，等于不知道。在具体操作过程中，经常出现担心买不到而提前买，从而比预定买入价成本要高；或者真正的时机出现，买的时候又不坚决，不敢买或者买的量过少，两种情况的结果都是事后懊恼。患得患失多了，就容易养成买卖不坚决的坏毛病，更麻烦的是徒增了诸多烦恼。

另一个令人比较头痛的常见问题是持股过多。持股一多，分批次买

入卖出的决定次数自然就多，纠结的时间几乎成倍增长。对于买入的个股，其投入研究的精力和时间相对来说几乎是相同的，但往往出现某个股买入量少，即使股价涨得好，但总体的收益却非常不明显，牛市还好，一到振荡市或熊市，账户里此消彼长之下，总体收益很难提高，往往会造成所选个股翻倍甚至多倍，但整体收益却受益不大的窘境，直接影响投资的信心。笔者通过多年实践，深感普通投资者三至五股的持股数量比较合适。

知道和做到后知道，其实完全是两回事。集中与分散持股，很久以前笔者就思考过，网上争论也很多。从自己的投资经历来看，经历过绝对集中（全仓个股）、完全分散（持二十多只个股）、适当集中、适当分散、稳定数量的过程。现在算是想通了一点，其实分散和集中都不重要，重要的是适合自己。反思自己会经历这么多阶段，主要原因还是思路不清晰，原则不确定。集中的时候栽了跟头，就会为了降低风险去进行分散，太分散了收益不明显太磨人，又开始集中；集中过程中遇到各种各样的“好股”、高人、好友的推荐，忍不住这也买一点，那也买一点，不经意又变得分散，具有很大的随意性。直到自己想清了这种随意性会带来决策的巨大烦恼、收益的不可靠等负面影响，痛定思痛后才确定了符合自己的持股数量。

虽然做好这四个方面事先需要花费不少时间和精力，但它最大的好处是真正施行的时候反而耗时少。作为上班族，合理而高效地利用自己的时间，相对轻松而长期稳定地分享企业成长红利更为难得。但只要能够做到知行合一，慢慢实现“手中有股，心中无股”的境界也不再是奢望。

千言万语可以汇成一句操作经典：时机未到不要急，时机一至不要怕，时机一过不要悔。

小作业

回想一下，您当初进入股市的原因和具体情况，最好是用文字的方式把它写下来，越详细越好，说不定能带给您全新的感受和收获。

拿出上一章小作业的成果，回顾自己已走过的投资之路，仔细思考一下自己的“投资之道”和“投资之术”。

只有认清自己的“过去”，找到自己的优缺点，才能扬长避短，彻底改变自己的“未来”！

第三章

制胜之术

作为普通投资者，工作之余，时间和精力有限，信息也相对有限，资金量又小，但我们真的只能随波逐流，任人宰割吗？普通投资者有没有轻松而必胜的策略和方法呢？

没有资金优势，没有资源优势，没有信息优势，也没有时间优势的普通投资者，要如何做才能在残酷的股市分得一杯羹？

有幸的是，股票市场并不是一个多劳多得的地方，这是一个**正确时间做正确事情的所在**。

投资者不妨选择主动变得迟钝一点，去选择那种不需要投入大量时间、精力，但一定能赚到钱的“笨办法”。

俗话说，弱水三千只取一瓢饮。成千上万的股票，追是追不过来的，但只守住少数几个熟悉而优秀的企业完全可以做到。这就像一个武林人士行走江湖，不一定要武功卓绝，天下无敌，但一定要有几手绝招，平时不显露，关键时候拿得出，制得住。小心谨慎轻易不出手，虽然未能称王称侠，但可做一个稍有名气的小镖师、小拳师，在江湖中混口饭吃，轻松养家糊口，长期稳定幸福生存是完全可以实现的。

笔者通过多年的不断学习和交易实践，深感以下几种方法是适合全体普通投资者的稳赢之策。

老僧入定法

“基金定投”是国际上通行的一种类似于银行零存整取的基金理财方式，是一种以相同的时间间隔和相同的金额申购某种基金产品的理财方法。

定投首选指数型基金，因为它较少受到人为因素干扰，只是被动地跟踪指数。在中国经济不断增长的情况下，长期定投必然获得较好收益。

“股神”巴菲特的“十年赌局”

亚马逊的创始人杰夫·贝佐斯创建了一个长赌网站，谁想赌什么，可以在上面发个赌约，他作为正方，如果有人想赌的话作为反方，俩人分别下注，把钱打进去，谁赢了这些钱就捐献给赢的那方指定的慈善机构。

巴菲特认为这个方式很好，于是就在这个网站上发起了一个赌局：巴菲特赌私募基金不能长期战胜市场。巴菲特作为正方，赌私募基金输市场赢，他派出的选手就是标准普尔500 指数基金（类似于中国的沪深

300 指数基金）。而反方可以任意选出 5 只私募基金，取其平均业绩作为代表，赌期是 10 年，从 2008 年一直到 2018 年，业绩衡量标准是扣除所有费用之后的基金净值。

巴菲特发出这个赌约后，以为基金经理会排着队前来应战，结果等了半年都没有人来，最后终于有一家私募基金公司应战，就是门徒投资公司——创始人兼总经理是泰德·赛迪斯（也是美国有名的投资人），他们选了 5 只基金，以其平均业绩来跟巴菲特标普 500 指数基金对抗。

有趣的是，现在 10 年期限已到，结果也水落石出：巴菲特的标普 500 指数基金业绩是 85%，门徒公司挑选的这 5 只私募基金业绩是 22%，可以说是巴菲特完胜，其挑选的指数基金要比门徒公司挑选的私募基金业绩高出 4 倍。巴菲特用铁的事实证明了指数基金的强大生命力。

其实，这不是巴菲特第一次站在定投指数基金的正面。

早在 1993 年，巴菲特就第一次推荐指数基金，称“通过定期投资指数基金，一个什么都不懂的业余投资者竟然往往能够战胜大部分专业投资者”。

他在 1996 年致股东的信中说：“大部分投资者，包括机构投资者和个人投资者，早晚会发现，最好的投资股票方法是购买管理费很低的指数基金。”

他在 2003 年致股东的信中说：“对于大多数想要投资股票的人来说，最理想的选择是收费很低的指数基金。”

2007 年，在接受 CNBC 电视采访时巴菲特也强调，对于绝大多数没有时间研究上市公司基本面的中小投资者来说，成本低廉的指数基金是他们投资股市的最佳选择。

2008 年 5 月 3 日，在伯克希尔股东大会上，Tim Ferriss 问：“巴菲特先生，假设你只有30来岁，没有什么经济来源，只能靠一份全日制的工作来谋生，根本没有很多时间研究分析投资，但是你已经有笔储蓄足够维持一年半的生活开支，那么你攒的第一个100万将会如何投资？请告诉我们具体投资的资产种类和配置比例。”巴菲特哈哈一笑回答：“我会把所有的钱都投资到一个低成本的追踪标准普尔500指数的指数基金，然后继续努力工作。”

为什么“股神”会这么不遗余力地向普通大众推荐定投指数基金？为什么定投指数基金能够实现稳赢？

轻松的操作

这可能是世界上最简单的投资方式。全部投资过程十分钟搞定，而且随时随地都可以进行，更理想的是一次搞定后再也不用去打理。

第一步：确认一家自己认可的基金公司；

第二步：在基金公司官网按要求注册；

第三步：将自己的工资卡与刚注册的基金账户绑定，设定好定投的时间和金额。

全部结束了？是的，就是这么简单。每个月基金公司都会按时按量自动从绑定的银行卡中扣款，这些资金细流就像一队队的士兵，源源不断地替你去打一场必胜的战役！投资人需要做的事情就是把这个事情忘记，是彻底忘记它！

若干年后，当你发现身边人都在热谈股票的时候，也许你会突然记起自己曾经定投过指数基金，去打开账户看一看吧，如果涨幅不大，不理它；如果涨了一倍以上，就把本金取出来买银行理财，锁定收益的同时避开系统性风险，可以选择落袋为安，也可以选择让利润继续奔跑。也许一两年后，大家都不再谈股票，说熊市遥遥无期的时候，这时候口袋有钱的你可以把银行理财资金取出来，去跌得惨不忍睹的“股市垃圾堆”找找金子，因为第二种“守株待兔”的稳赢方法即将登场！

很多人对指数定投的方法不屑一顾，认为这是见效极慢，收益极低的呆办法。确实，说得不错，但不可否认，在“九死一生”的残酷股市，这确实是一个能轻松稳赢的好办法！

稳赢的原因

基金定投的初衷是为不熟悉资本市场、没有时间和能力去挖掘个股，但又希望参与市场且拥有稳定经济来源的投资者而设计的。定投淡化择时概念，希望以时间换空间，是缺乏经验的投资者介入风险投资的最佳敲门砖。

指数样本股是全部上市股票，它反映的是所有股票的整体变动情况。指数基金可谓长生不老，公司可以破产，但指数基金不会，只要国家经济发展，指数基金就会一直存在。投资指数，就是投资整个国家经济，因为经济在不断发展，优秀企业不断上市，指数必然稳步向上，长期投资是必赢的。从历史数据看，指数也确实是一直向上的。有图为证，我们先来看看上证指数1990年至2018年6月的月K线，如图3－1所示。

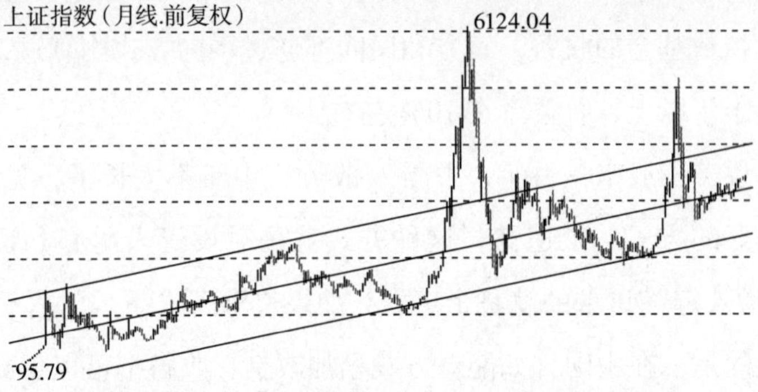

图3－1　1990年至2018年6月上证指数月K线

也许有人会说，中国股市二十多年时间太短，样本有限。那我们再来看一张美国道琼斯指数的百年图，如图 3 －2 所示。

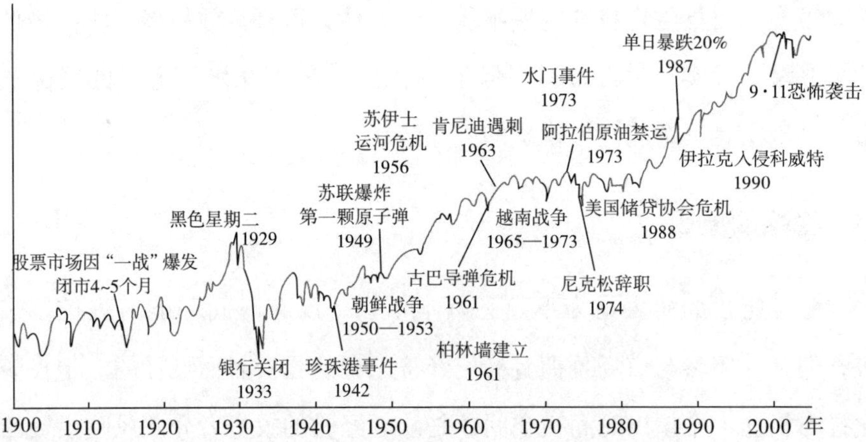

图 3 －2　美国道琼斯指数百年图

两个完全不同市场的长期稳步向上的相同走势都可以证明：只要能够坚持足够长的时间，一定能够实现稳赢。

基金定投最大的好处是可以平均投资成本，因为定投的方式是不论市场行情如何波动都会定期买入固定金额的基金。当基金净值走高时，买进的份额数较少；而在基金净值走低时，买进的份额较多，即自动形成了逢高减筹、逢低加码的投资方式。

定投指数基金的收益，官方和民间都通过不同方式测算过，如果定投能坚持十年以上，收益率在 10% 左右。

不要说美国股市一百年，中国 A 股近三十年都太长了，见效太慢，有没有更好的方式？很遗憾，这种方式就是对投资人耐心和恒心的奖赏。“老僧入定”讲求的就是个定力！如果追求高收益，自然不可能。

幸运的是，在中国，如能对方式稍加改良，收益率可以得到明显提升。这是因为：中国股市有“七年之痒”的规律。

表 3-1　中国股市"七年之痒"

时间段	时点	最低	最高	高低点倍数
1994—2001	1994.7	325.89		
	2001.6		2245.43	6.89
2001—2007	2005.6	998.23		
	2007.11		6124.04	6.13
2008—2015	2008.11	1664.93		
	2015.6		5178.19	3.11

从表 3-1 可以看到，中国股市成立以来，除了最初极不规范的三年和当前未走完的三年，股市每个七年内都会出现一次极高极低点，高低点幅度相差三倍以上，是一个波动极大的市场。我们长期坚持定投，就是要争取在底部吸足筹码，拿到一个相对底部的平均价，耐心等待大牛市，机会一到，就整体卖出一次。

因为采用定投，成本只可能是相对底部，绝对拿不到最低点；只赚一倍就出手，必然卖不到最高点；在不贪心的前提下，利用股市大波动，虽然吃不到鱼头和鱼尾的那一倍，但吃到一倍的鱼身还是完全可以实现的。而且这种模式下我们对熊市是欢迎的，因为熊市越长，累计定投投入本金越多，成本越低，收益反而越大。

美国的士兵准则里有一句话：如果一个笨办法行之有效，那就是一个好方法！在股市也是如此！前文已经充分阐述股市盈利之难，而这个方法能战胜市场 90% 的投资人。得此方法，夫复何求?!

守株待兔法

守株待兔法，即低价买入优质高分红行业龙头股，适合保守的投资者、初学者或熊市买股。

股市是一个非常有意思的地方，有的企业上市十多年从不分红，是出名的“铁公鸡”，如 2004 年 3 月登陆上交所主板市场的博通股份（600455），13 年间一次都没向股东分红，一毛不拔。与此形成鲜明对比的是年年高分红的“现金奶牛”，如中国神华（601088、01088. HK）2017 年派发 590. 69 亿元股息，每股 2. 97 元的超高分红。如果 2016 年初以 10 港币（港股）股价买入，当次分红就近 30% 收益。事实上，中国神华近几年来的分红比率都不低，大都维持在净利润的 40% 左右，近十年，现金分红金额已超过 1700 亿港币，几乎与 2016 年初的港股市值相当。

作为股市普通投资者，我们需要做的是赶跑“铁公鸡”，牵回“现金奶牛”。

轻松的操作：十年内仅需操作买卖约两次

跟踪目标企业历年分红情况，测算出平均分红的金额（以 3 ~ 5 年平均数为参照），然后耐心等待，等待极度熊市：当目标股股价跌至对应测算股息率达5%以上时，分批买入后长期持有，如果嫌麻烦，在自己喜欢的股息率（如6%）一次买足也行。买定离手，一两年内完全不管，一直要持有至少涨一倍再根据当时的情况考虑是否卖出。本金翻倍收回是一种不错的选择，一来可以锁定利润，降低风险，二来也可以继续享受股价上涨，继续分红的乐趣。

什么时候能赚一倍？天知道！唯一能做的事情就是等，两年不行三年，三年不行五年，你只要坚信中国股市有“七年之痒”的规律就好。万一七年还不涨，也没关系，每年有6%的分红，最差十五年左右也能本金翻倍，完胜银行存款，还有什么可担心的呢！

这样的标的有很多，几乎都是大家耳熟能详的对象：招商银行（最好的零售银行）、中国神华（最大的煤炭生产商）、大秦铁路（最长的铁路运输线）、伟星股份（最大的纽扣生产商）、福耀玻璃（最大的汽车玻璃生产商）等。这些企业往往有很多共同点：都是优质行业龙头，有长期高分红的历史，产品不愁销售，市盈率不高，现金流充沛，管理层优秀或者是傻瓜也能经营的好公司。

一旦买入，就完全不要考虑操作，也无须关注市场动态。如果实在避免不了股价涨跌的影响，可以将股票软件的密码由家人更改后放置在安全地点，物理隔绝操作的可能。

这样的投资方式周期都很长，机会也不多，一般十年才有一个轮回。所以投资收益期望不要太高，能长期拿得住，至少做好拿五年以上的心理准备，最好是原本计划买银行理财的长期闲置资金。

这种方法最大的优点在于买入对象比较好确定，买入时机容易把握，买入后不受市场影响，收益可期。

主要风险：分红未能按时兑现，股价七年也没涨！

应对方法：避免买入垃圾股，历史不长股；适当分散，可以将闲散资金买入 3 只，买入时最好也分三批，只要买在股价长期底部区域即可。

稳赢的原因

作为优质的行业龙头，目标股票相对来说历史比较悠久，经营也靠谱，十年后消失的可能性不大；更为重要的是，它们作为行业龙头确实长年做着稳定分红的事情。这种时候买入这种类型的股票，即使股价继续下跌，也有相当于五年银行定期 5% + 的收益做保障，就当是存银行定期，心里不用慌！事实上，因为有 5% ~10% 的可期股息率，股价下跌空间是比较有限的。从历年实践情况来看，5% ~10% 股息率的时候往往就是股价的较低底部。用弹簧理论解释这种情景最贴切：当一个行业被亏损压迫到极致的时候，就像弹簧压缩空间是有限的，只要行业不会消失，迟早会开始反弹。反弹一旦开始，必然会超过正常估值，弹到另一个极端才会收缩。

光靠分红，最迟十五年左右就能回本。何况中国股市有“七年之痒”，会连本带利翻倍奖励你！这样稳赢的机会我们能错过吗？因此，发现它就不要放过它！

退休要富足

上两节介绍了定投指数基金的“老僧入定”之法和低价买入优质高分红行业龙头股的“守株待兔”之法，您知道这两种投资法的组合有多大威力吗?

答案也许超出您的想象!

事实上，笔者认为，我们普通上班族，一生中只要将这两种方法的组合应用好，基本上就足够了。可以真正做到用最少的投入，花最少的时间，取得长期最稳定的收益！而且这个收益是巨额收益，它可以让我们退休之时领取一笔少则数百万，多则上千万的退休金!

这绝不是痴人说梦，而是水到渠成的必然结果。

复利被誉为世界的第八大奇迹。我们如果能够正确应用“老僧入定”和“守株待兔”法，真正做到不贪不惧，长期坚持，七年一个轮回，投入资金大概率可以翻一倍。每个月虽然仅仅投入几百或两三千元，但如果能持续坚持二三十年，我们就能充分享受“复利”带来的巨大威利！能在退休之时“变”出巨额退休金来!

接下来我们不妨一起算一算。

首先，我们要理清一个概念，七年一倍这个收益率高吗？按照七二法则，大概意味着年化收益 10% 可以做到。这个收益率并不高，对吗？而且正好与“老僧入定”和“守株待兔”之法所能取得的收益率相当。

其次，如果我们 32 岁左右能开启定投计划，在 60 岁正式退休前，有 28 年的时间，按七年一个轮回来计算，这就意味着我们有 4 次财富增值的机会。

要想知道我们 60 岁退休时能取得多少收益，还缺少最后一个变量，那就是每月定投的本金。

假定以 32 岁的年龄开始定投，每月定投 3000 元，40 岁的时候增加到 3500 元，47 岁的时候再加一点，每月定投 4000 元。这个我们大多数普通人应该都是可以承受的。当然，如果情况不允许，定投资金减半也是可以的，这样的结果只是退休总资金也相应减半罢了。

三个变量都确定后，我们可以开始展开计算了。

假设一位年轻的上班族 32 岁开始，用“老僧入定”之法每月定投 3000 元，意味着每年投入 3.6 万元；连续七年，将累计投入本金 25.2 万元。如果第七年牛市翻倍退出，本金将达到 50.4 万元。这时候，投资者 39 岁，应该说这笔钱说多不多，但说少也不算少了。

听到这里，也许您会说，现实中哪有这么巧，刚好七年就可以牛市兑现呢？确实如此，不过事实上也可能是定投五年就出现牛市，或者定投十年才出现牛市。作为测算，我们可以按照每七年出现一次牛熊的长期规律去推算，平均以七年作为标准进行计算即可。

第 8 年，这位年轻的上班族以“守株待兔”之法买入股票长期持有，第二个七年翻倍之后，也就是投资进行到第 14 年，投资者年满 46 岁之时，本金将变为 100.8 万元。每年 5% 的股息收入也累计达到了 17.6 万元。不要忘记的是，从 39 岁开始，他仍然在用“老僧入定”之法每月买入，而且定投金额提高到每月 3500 元，每年 4.2 万元，到 46 岁之时，定投累计投入的新资金为 29.4 万元。同样是七年牛市翻倍退出，本金将达到 58.8 万元。

至此，经过两轮牛熊，从 32 岁开始，每月定投 3000 元，这位上班族 46 岁的时候累计资金将达到 177.2 万元。朋友们，每月 3000 元的投入和 177.2 万元之间是不是有着不可思议的巨大鸿沟！

这就是复利的价值和威力！您不用急，因为真正的复利加速才刚刚开始。

47 岁，也就是说这位上班族开始进行第三轮每月 4000 元定投的时候，他的可投资金已经达到 177.2 万元。当他 54 岁时，这轮的定投资金为 33.6 万元，但可投资金七年翻倍后将达到 354.4 万元。累计总资金 388 万元。

我们再来看看这位上班族 60 岁正式退休，61 岁的时候的资金情况。54 至 61 岁的定投资金仍是 33.6 万元；但投资资金翻倍时将达到 776 万元，两者总量为 809.6 万元。

因为有太多假设和不确定性因素，保守起见，我们不妨将计算结果按安全边际的方法打五折，总测算值也能达到 400 万元。

无论时代如何变迁，货币如何贬值，只要我们依靠自己的长远规划和布局，退休之时就能够拥有一笔数百万乃至近千万元的“退休金”，相信退休时必然是轻松而富足的。

表 3－2　500 万元退休计划书　　单位：元

时段	月投入	年投入	七年投入	第 7 年牛市翻倍卖出	守株待兔，熊市买入	第 14 年牛市翻倍卖出	每年 5% 七年股息	第 14 年资金	第 7 年牛市翻倍卖出	每年 5% 七年股息	第 21 年资金
第 7 年	3000	36000	252000	504000	504000	1008000	176400	118400	2368800	414510	2783340
第 14 年	3500	42000	294000	588000	588000	1176000	205800				1381800

续表

时段	月投入	年投入	七年投入	第7年牛市翻倍卖出	守株待兔，熊市买入	第14年牛市翻倍卖出	每年5%七年股息	第14年资金	第7年牛市翻倍卖出	每年5%七年股息	第21年资金
第21年	4000	48000	336000	672000	672000						672000
累计投入			882000							累计收益	4837140

表3－2是理想状态下的投入与回报。这是不是值得我们去好好规划和追求呢？

龟兔赛跑法

龟兔赛跑法，即五好投资法：好生意、好企业、好价格、好仓位、好耐性。低价买入好股，股价大大高于估值时卖出，最理想的目标是买入可以终身不卖的目标。适合经验丰富，投资预期更高的投资者。

主动投资：有利有弊

如果说之前两种被动投资法是像乌龟一样靠毅力和耐性日积月累获胜的话，那这种主动投资方式就是兔子快跑了。

任何事情都有利弊两个方面：乌龟确定方向后只要埋头慢慢爬，虽然速度很慢，但坚持下去就能轻松地必然获胜。如果你嫌慢，想像兔子一样快速前进，首先，需要不断努力，去获得兔子般的奔跑能力；其次，要以无比的勤奋去克服前进道路上无数的磨难，最终迎接的仍然可能是一个未知的胜利彼岸。

这条路上写满了孤独、迷茫、喜悦、冲动、坚忍。只有最坚强的斗士才能取得最终的成功，只有拥有必胜信念的勇士才能坚持到底！

这是一条不轻松的“快速”之路！这是一条不容易的非稳赢之路！

但是，这一切努力都是值得的，因为这条路可以让你从被动长期等待进化为主动投资者，一旦成功，可以让你的人生开出完全不同的财富之花。

这里需要郑重提示：这种方法是主动投资法，投资结果不确定性大，尤其对投资者的能力和精力都有很高的要求，没有做好足够的心理和基础知识准备前应慎用！

“五好”投资的要义

巴菲特曾经说过：“投资的第一条准则就是本金不要亏损；第二条，请参考第一条。”不要亏损本金是“股神”这么多年来一直奉行的投资理念。

常识告诉我们，任何时候完全不亏损是不可能的，那应该如何理解“不要亏损”的真谛呢？

“股票投资第一法则”讲不要亏损，其本意是要进行有把握的投资。如何做到有把握的投资呢？那就是低价买入优秀企业的股票，具体操作中要投资“五好”。

投资是一个系统工程，好的方法只是成功投资的要素之一，它还包括持股仓位、持股数量、持股耐性等多个方面。笔者将投资系统总结为“五好”，只要能做到投资“五好”，就一定能实现稳赢投资。

“五好”是一个彼此独立但需要充分结合的体系。关于“五好”投资的核心思想，无数投资界的前辈们早已提及，笔者只是站在巨人的肩膀上，结合自身投资实践，提炼一个投资标准。看似意义不大，其实很有必要。首先，这可以解决我们择股的难题，能够让自己把主要精力集中到最理想的目标中去。上市企业越来越多，港股投资也十分方便，我们的可选择标的在大幅增加。作为普通投资者，在眼花缭乱之下挑选合适的股票可谓尤其重要。其次，这有助于我们在对投资对象的分析研究过程中，在纷繁杂乱的万千信息中，迅速抓住要点，理清思路。

好生意

这是投资应最优先考虑的事情，因为这是定性的问题，是前进道路的方向性选择。俗话说，男怕入错行，女怕嫁错郎。行业或生意的选择确实太重要了。股市是开放性的，我们应该先选最好的、最有发展前景的、最轻松的行业。

任何行业的生意模式和基本环境都是由客观条件决定的，再优秀的企业也脱离不了一定的范畴，例如制造业的企业，自身无论再优秀，也不可能像茅台等酒企一样拥有超高毛利率，这就好比公共汽车开得再快，也不可能长距离地跑赢高铁。

好企业

一个好生意中的好企业，就像一匹优秀的赛马同样需要一个优秀的骑手才能取得冠军一样重要。如果我们是篮球圣殿 NBA 球队的经理，最想拥有的球员肯定是乔丹、科比、詹姆斯、杜兰特、库里这些人。与此相对的是麦迪这样的球星，天赋超群，球技出众，但不够勤奋，缺乏足够的领导力，终生与总冠军无缘。

好行业中的好企业基本上都会让你在选择时有一种不假思索就会选中的冲动。当然，投资中需要更多理性的分析和研究去证实。

好价格

很多人认为这个很简单，一目了然，其实不然。太多人就是因为看到好生意好企业，就在牛市末期义无反顾地冲上去，结果严重透支企业未来的价格，把自己牢牢地套在了股价的高岗上。就算是好行业、好企业，如果价格不合理，投资最终的收益可能同样不理想，甚至以亏损收场。

投资要理性，最好的投资就应该是在全面分析和扎实研究下，找到最好行业中的最优秀企业，在企业的成长初期和市场低迷的时候不断买入，然后耐心等待它们的成长。

好仓位

一般来说，确定了好生意、好企业，适逢好价格，必然会选择重仓。然而，股票投资这个世界就是如此奇妙：也许是因为当时市场行情极端糟糕想等一等，也许是对自己的判断信心还不足，也许个股短期利空信息太多，也许当时正巧自己资金不足，等等，看准看好但下手少，甚至没下手的情况多得是！所以，被证明的正确投资只有买入了足够的仓位，能给自己的投资带来巨大的收益，才是真正的好投资。

好耐性

这是取得投资成功的最后一个因素，事实上可能也是最重要的条件。因为这点可以说是投资的1，其他的只是0。投资是一个很主观的事情，同时也往往是一个长周期的过程。即使好生意、好企业、好价格、好仓位都做到了，如果不能经受股价的上下波动，不能直面股市的风风雨雨，忍受不了中途下车，最终也难免与丰收的果实擦肩而过，徒增遗憾和伤悲。

十年树木法

十年树木法，即超长投资法：一次性投资，真正以小博大，用足够长的时间和相对分散的投资对象，获取潜在超额收益。

在龟兔赛跑法的基础上，选定五至十个目标股，一次性买入或每年定额买入，三到五年滚动操作，18 年后一次取出。

轻松的操作

打记事起，我就记得老家院子前种了十多棵小树苗，随着时间的流逝，树苗也长成了真正的树。记得到长沙读书的时候，小树苗已经变成了大树。后来，因为自己和家人都离开了老家，回家的时间就很少了。不过我还记得每次回去的时候，父亲都会带着我们在老家院子周边种下一些树，当时只感觉好玩，就跟着一起种。前几年再回去的时候，院前的树都可以称为老树了，而我后来参与种的树，长大后已经成片成林，颇具规模。父亲当时带我们种树的时候，是不是就想象着小树苗长成片的样子？更难得的是，我们全部的投入，就是当初找到树苗然后种下去，仅此而已。树苗是伴着时光在自我成长！

后来，我为人父，人生也翻开了全新的一页。小家伙太小，但未必没有可以种的“树”！自接触股市以来，深感投资要趁早，要让时间为自己赚钱！投资家李剑老师给女儿设立理财账户的故事让我感触颇深，而雪球大V@闲来一坐s话投资老师也有类似的做法——十多年时间取得的巨额收益，足以让儿女在未来自由地选择自己的人生，真是令人震撼的事情。

其实从种树的角度来观察，似乎又是顺理成章的事情。从出生到成年，18年是一个漫长的历程，18年又是一个短暂的过程——快到我们稍不注意，就发现孩子已经长大；快到稍不留神，年幼时种下的小树都成片成林！

给儿女开立账户并投入部分资金容易，但在思考买入的时候还是要多花点时间和精力：种树是容易的，但种什么样的树，种在哪里，什么时候种，肯定是有讲究的。大家可以想想，应该没有人在冬天去种类似于藤类的“树”吧！买股也是一样，就是要买能够十几年后还能继续存在，并且有机会长得更好更大的好“树种”！

稳赢的原因：历史的规律和中外股市的实证

《股市长线法宝》的作者杰米里·J. 西格尔对于股票、债券、国库券在不同持有周期下的盈利及亏损幅度进行了一个长期的跟踪统计研究。

图3-3所示的研究结果表明，如果仅以1~2年的持有周期来看，股票的波动范围确实非常大。它有从66.6%的正收益到-38.6%的亏损这样宽的波动区间。这与人们印象中股市总是“暴涨暴跌”的形象比较接近。但如果将持有周期提高到5年，那么股票最坏的回报率也只有-11%，其波动的区间已经与债券非常接近。但是当投资周期上升到

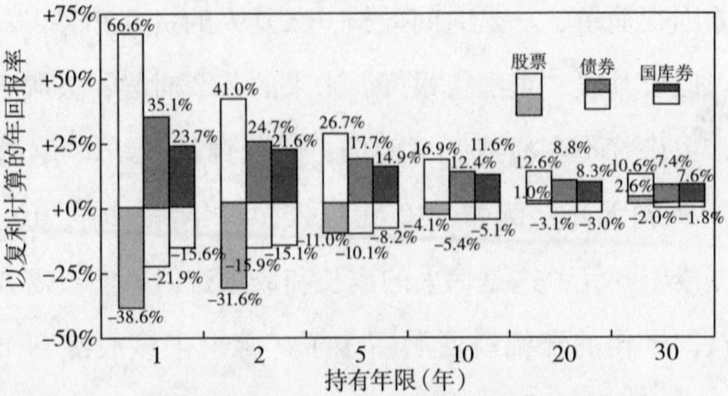

图3－3　股票、债券、国库券长期投资收益比较

20 年时，即使是最差的股票投资回报率也是正数。当时间拉长到 30 年，股票的收益显示出更大的优越性。

更有意思的是，这里的投资年限并不是指持有特定的某只牛股，而是只要持有的是股票资产即可，无论在这一过程中其投资组合进行了怎样的更替。

这个重要的统计揭示了一个让人震惊的事实：如果基于家庭资产的长期增值和保值考虑，股票才是最为可靠的中流砥柱。因此，对待股票一定要有长远的眼光，股票作为一项资产是不容忽视的，拥有优秀公司的股权将是普通人实现资产长期保值和大幅增值的最佳选择。

买定后坚定持有，如果能做到这点，长期下来，只要企业真的在发展，收益将是很惊人的。

有股可证——格力电器，1996 年上市，涨 130 多倍；贵州茅台，2001 年上市，也是涨 130 多倍；云南白药，1993 年上市，涨 220 倍左右。这还不包括分红再投资（后复权，不一定精确，但涨幅倍数只多不少）。

换个角度来看，只要买对了，买入后完全不用管，就像种下树后完全忽略，18 年平均下来，基本上每年都能涨很多倍，这真的是太吓人了！这么简单的统计其实很早就有人做过，为什么却没有多少人可以做到？

其实原因很简单，一是时间太长，二是人的贪婪和恐惧，三是选错持股目标。假设某股一直涨得很好，未来的某个时候，大幅下跌的情况肯定会有，也许好不容易涨了三四倍，但若真正下跌，很短的时间内，盈利就可能所剩无几。例如，10 元买入，每年涨一倍，10 年后是 10 倍，股价变成 100 元，这是惊人的成长和成果，但可能只需要几个星期的连续下跌，十年的涨幅就所剩不多了，等未来该股涨到 100 倍的时候，还能有多少人在坚守？十年和十天，这跨度实在太大了，有几个人能做到？现实中这可能吗？完全可能，2008 年的时候，很多股票曾跌得不可想象，宏达股份从 83 元跌到 3.8 元，中国船舶从 140 元跌到 14 元，不胜枚举。即使避开了这种股灾，碰上像重庆啤酒这样的黑天鹅：2011 年 12 月 8 日最高价 83 元，2012 年 1 月 19 日最低价仅 20.16 元！跨度看似一年，真正的交易日只有 20 天！可以想象，如果 83 元的时候买入 100 万元，20 个交易日后只剩 20 多万元，有几个人能受得了？更受不了的是，即使你想卖，这期间还卖不出去，只能硬亏！也有朋友会说，应该是少数人会在 83 元买才是。换个对象：中国石油！在 40 多元买入的人太多了，如果不卖出，现在还只有 8 元，和重庆啤酒的结局差不多，不同的地方在于，一个以暴力的方式展现，一个以温水煮青蛙的方式进行，实际上后者的杀伤力对于普通大众来说更大。

长周期投资，知易行难

讲这么多，其实只是想说明，股市投资真的不容易！但从小树的成长来看，股市投资也应该很容易才是！两者的区别在哪里？如何取舍和应用？

笔者认为在于应用“五好”投资，选准目标后的无为！无为却是最大的所为！

现实生活中，这种方式注定大多数时候行不通！但铁的事实又证明它完全可行。对于这样的结果要理性对待，为己所用。以长期为目标，投入数量有限的资金，在此过程中主张无为，最好是采用全封闭的方法，是很有意义的！

该方法的可行性：目标长远，就当成是 18 年后给子女的一份成年礼，这样把眼光放长远，自然受影响的可能性大大减小；资金有限，这就决定了当前的行为不影响生活，可以投入一万，有条件的可以投入十万或更多，当成一次性投入。买入的数量最好是 5 至 10 只，只要其中跑出一只，其结果就完全可以让初期的投入忽略不计！即使跑不出大牛股，稍有水平的投资者，其收益也应该能轻松超过教育储蓄！

该方法的意义：一则真正把时间转化为自己的财富，让“树苗”伴着时光成长；二则真正有可能取得股市“以小博大”的效果，完全有可能为子女成年后积攒一笔比较好的起步资金；三则伴随着孩子的成长，当孩子成年，为人父母之时，能更理性地对待股市，对待人生！

长周期投资，知易行难！小树苗之所以在不经意间长成大树，其实除了“树”的品种好坏等它自身的原因外，很重要的一个原因在于与人的隔离。说直白一点就是，如果你隔三岔五就去看看它的成长情况，也许就达不到同样的结果和效果了。其次，思想理念还没完全领悟。真正想通这种方式的意义和要点，真正做到其实也不难：做完后就忘记它！所以，这种事情最好是自己以外的第三方掌握，并且是完全不接触股市的第三方掌握，可能更理想，比如交给自己的家人。

设想一下十多年后，在儿女成人礼上的对话：儿子（女儿）啊，爸爸在你出生后给你准备了一份成人礼物，今天你成年了送给你。爸爸只知道礼物的样子，但不知道礼物的大小。对你来说，结果可能很一般，起不了什么作用，能买一样实用的小东西；也可能是一个惊喜，今天就让我们来一起揭晓谜底吧！

小作业

根据自己的年龄和实际情况，设定一下每月定投数额，算一算自己退休时大概能获得多少“退休金”。

找出认可和喜欢的“现金奶牛”，按照书中的办法进行分析和统计，选择自己满意的分红率，然后算出这些“现金奶牛”对应的价位，列出一份自己心中的“报价单”，开始守株待兔。

经验丰富的老股民也不妨检测一下自己的持仓标的，看一看是不是“五好学生”？

知难，行难，知行合一难上难！

看到不等于学到，只有自己亲自动手去统计、分析、总结，更要去应用，并且不断地反思和修正，书中介绍的“制胜之术”才能真正成为你自己的“致富之门”。

第四章

人生之悟

醍醐灌顶，改变投资生涯之悟

生活的改变，某些时候仅源于一次不经意的选择。

醍醐灌顶的观点：解决问题

人生中，有些人虽从未相见，但他们的观念却影响至深，甚至从某种意义上来说改变人生！于我而言，杨天南老师就是其中之一。

杨天南先生是国内著名的金融投资家，北京金石致远投资管理有限公司 CEO，著有《规划财富人生》《一个投资家的 20 年》，译作包括《巴菲特之道》《巴菲特致股东的信》《戴维斯王朝》等。更为难得的是，杨先生自 2007 年至 2017 年，在《钱经》《中国金融家》等杂志撰写专栏，逐月在专栏公开投资组合，取得“十年半十倍”的惊人回报。

2013 年，杨天南老师在书中提出“衡量投资成功的三个标准”：一是绝对盈利；二是跑赢大市；三是解决问题。对此，我陷入了深深的反思：通过投资，我解决问题了吗？没有！近些年虽然能从市场稳定地赚到一份额外的“工资”，但劳心劳力赚到的这点钱，大不能置业，小只够一次高标准的全家旅游。那么，我有机会投资成功吗？深入思考后，我认为自己还是有这个基础的：一是可动用的原始资金已经达到了“第一桶金”的基本范畴；二是经过这些年的不断学习和市场实践，初步建立了适合自己的操作体系。

经过深入思考，基于市场当前处于低估状态的判断，2013 年开始，我决定将全部可用流动资金逐步投入股市。因为不再是玩一玩，因此在原有基础上，自觉地狠补了诸多新知识，理论和实践水平都有了质的飞跃。如果说之前是似懂非懂，之后则是保守地做懂的事情，真正做到长期稳定持续取得绝对盈利，实现了稳赢。幸运的是，自己从很早以前就走在了价值投资的正确道路上，在加速奔跑中等到了新一轮牛熊，虽历经股灾，但收益却超过了之前历年投资收益的总和。2016 年收益率虽然不高，但因为基数大，绝对收益反而不低。最为重要的是，现在的收益，虽未能彻底解决自己的问题，但它已经足够解决自己生活中的大多数问题。

影响至深的观点：财务与身体的两个健康

因为年轻，身体底子厚，身体健康的概念一直未曾真正重视过。近几年，工作太忙，儿女相继出生，家庭繁杂事情更多，疏于锻炼，导致体质急剧下降，而老小也时常感冒，家人为此烦不胜烦，身体健康的重要性日益凸显。某天偶然间看到杨天南老师练太极的照片，心里升腾起一个愿望：希望某天自己也能像杨老师一样，实现财务自由后可以轻松地在自家后院练练全家人都喜爱的太极。我把这个心愿通过网络告知杨老师后，竟得到了他的回复，他说，等我真正实现这个愿望时，记得通知他。这种无声的支持给了我莫大的鼓励！是啊，梦想是一定要有的，说不定哪天就实现了呢！从那之后，每周我都会专门安排出时间，捡起曾经喜爱的各种运动。通过锻炼，人变轻松了，与朋友们交往也更密切；不仅自己，也和家人商量，结合每个人的实际，都安排出专门的运动时间，或个人，或集体行动，相信只要长期坚持下去，效果会慢慢显现的。实现两个健康的努力过程，不就是追逐幸福的历程吗！

股灾洗礼，守住牛市成果之悟

守住牛市成果，是每个牛市获利者最大的愿望。每个人都有自己的思路和办法，但为什么大多数人都很难守住？原因其实很简单：想得容易做到难！

每个老股民都有自己的方式方法，笔者的方法就是“八字诀”：分批撤离，绝不补仓！

牛市分批撤离

牛市最高潮，虽然风险很大，但无疑赚钱也是最容易的，也许短短数周就胜于之前数年的收益。在高额收益的影响下，又有几人能置身“市”外？

一般来说，真正在高点回撤的时候，人们往往是充满犹豫和希望的。虽然有回撤，但幅度不太大，当股价到达关键技术支撑位时，往往想的不是清仓而是补仓，因为牛市之前的“经验”告诉人们，到了关键点位就会有强反弹。要在最有可能反弹的地方清仓，本就是难上加难的事情。事实上，真正的“顶”来临时，关键点位不仅撑不住，反而是大幅杀跌，并且往往是连续下杀，短短两三日，损失可能超过两三成。此时，之前的利润大幅回撤，新仓也会被牢牢套住，这种情况下，就很难“割肉”清仓，反而会幻想展开反弹。于是，犹豫中再跌去一两成，基本上就更舍不得“割肉”了，被迫做起“股东”来。新股民风险意识不强，希望赌一把早日实现财务自由的心更迫切，最高点的时候也是自己持仓最重的时候，相对来说，损失可能也是最大的时候！大幅亏损的情况下，操作更容易出现错误，必然会在患得患失之间被反弹和下杀折腾得体无完肤！经历大牛市，一旦反转，岂是一朝一夕能回头的？结局是，在慢慢的阴跌中直到“割肉”为止。事实上，一旦确认大熊市来临，越早止损越明智，而能做到的只有极少数老股民，大多数“韭菜”难以逃脱，多数人的结果是惨淡收场。

熊市绝不补仓

老股民就一定能逃过大熊市吗？不一定，多数老股民也会被自己的“经验”害惨：死在抄底的路上！因为有经验，在一个又一个看似“好底”的地方一次又一次地抄底，最终“底”下有“底”，极有可能把之前的盈利打光，而且赔上本金。这也就是很多老股民牛市大赚，熊市又大亏的主要原因，到头来白忙一场！

这些笔者已经在 2007、2008 年的牛熊市中经历过，算是血的教训。总结完了，更重要的是想出对策，尤其是找出适合自己的方法去提前布局应对！

居安思危，保险保障财富之悟

投资理财，是对家庭财务健康的整体规划。只有在首先保证安全的前提下，才能继续谈财富的增值。因此，笔者要用小量的篇幅谈谈保险——分散风险，保障安全的基本工具。

不少人对于保险有非常多的认识误区。这里，笔者要与大家分享一下关于保险的正确理念。保险是分摊风险损失的一种财务安排，是风险管理的一种方法。保险不是为了发财，而是避免因意外、疾病、年老而变穷。保险就是为了：生有所备，老有所养，病有所医，死有所留，残有所靠。不让疾病、意外抢走辛辛苦苦几十年所赚的钱，一病回到“解放前”。

保险不是用来改变生活的，而是防止生活被改变

笔者是典型的上有老下有小的传统家庭，关于保险，之前犯的错误是，对儿女的保障过多，对自身和父母的保障则过少。很多家庭估计也有类似的误区，这些家庭最初接触保险，就是从“一切为了孩子”开始的，实质是对保险保障的范围和作用没有清楚的认识。

很多人潜意识中一直认为：自己和父母，一般的小事情似乎用不着保险，大一点的问题单位有医保、社保，保障比较到位，没必要再花很多钱买更多保险，要买也是买分红型或返还型的产品，感觉钱不白花，赚了保障还能有收益。这种保险最大的问题是：主险为寿险，说白了一般用不上，用上了人就没了。另外一种就是万能险，笔者也陷入了这个坑，保费高，保额低，虽说保终身，其实 60 岁以后消耗的资金是十分巨大的，事实上这时却是真正需要保障的时候，导致该保的时候保不到，不需要保的时候保得多，所以只能高交费多年享受较低保额。还有一种是高交费的重疾或寿险附带医疗，比前两种较好，但性价比并不高，而且保额越高保费越多，我们选择时往往不会有太高的保额，因为有额度限制，保障范围往往也是有限的。

我们真正需要的保障是什么呢？通过学习，我终于有了比较清醒的认识。

保险的原则：先大人，再小孩，大人则是先自身，再父母

其实道理很简单，只有把家里的支柱保障好了，即使有意外或大风险，家庭也不至于受到太大影响，至少不会出现因病致贫的现象。小孩保险可选择范围大，老人往往已经没有太多选择的余地。

我们自身需要什么保障呢？小病有医保卡可刷，1000 元以上的住院有单位医保可报，还有大病互助保障，似乎很完备。其实不然，医保解决的是相对小或普通的问题，真正的大问题，影响家庭至深至远的则相助甚少。至少还有几个方面保障是缺失的：

一是意外身故。人生在世，世事难料。单位虽然有医保，但如果出现意外身故，慰问金和少量的补助对家庭是爱莫能助的。事实上，如果家里的顶梁柱倒了，未来的生活就失去了保障，如果没有足够的资金保障，可能一个家庭的处境就会变得艰难无比。要解决这个问题并不难，不需要去买那种多贵的按年交费的产品，只需买一年一交费的消费产品，两三百元就能保50万至100万元的意外险，而且这样的产品很多。我们很多时候都有一种认识误区，认为消费型的保险是拿钱打水漂，不值得，其实恰恰相反，用极少的钱获得极大的保障，这才是保险的真谛！有时候换个对象看，会容易理解得多：我们每年为车险付出5000元左右，也是消费型，为什么容易接受？因为感觉这种保障很必要！一辆车都可以如此对待，自己的人生为什么不慷慨一点？其实有这种误区的原因也简单：没有紧迫性！毕竟没人会认为自己一年内会出险吧！但两者从保障的根本上来说却是完全一致的，而且人生的保障其实重要得多。

二是真正的大病，尤其是慢性的大病。以前不知道，通过咨询单位相关人士，得知原来医保也是有限额的，一般是30万元左右，而且报销有限制，进口药不能报，自费药有些部分也只能报七八成。现在医疗越来越贵，一个大病花费上几十万元，甚至上百万元不足为奇，这时候就会出现医保保障不足，容易因病致贫的现象。事实就是这样残酷：小病能承受的时候有医保，真的大病急需保障的时候医保却爱莫能助。市场上多是交上万元甚至几万元的保费才能得到上百万元的保障，但毕竟大病是一个小概率的事件，保障成本太高，如果多人投保，经济压力自然大很多。而类似“平安E生保”这样的消费型产品则解决了这个难题：每年花费几百元至一两千元的保费（年龄不同，交费不一样），能获得100万元左右的保障，而且社保外的药费也能报。当然，在一些人看来，消费型而且起赔额达到一万元（即社保报销外一万元才起赔）似乎用不上，意义不大。其实它真正的价值正是在于此：解决我们预料外的，又非常大的问题。

以上所谈的两类保险是以前我所忽视但事实上却十分重要的保障，花钱不多，保障却很大，十分值得买。

购买保险的最佳时间与保险组合

人生中有两个时间是购买保险十分重要的节点，一是60岁，二是30岁。

60岁以上，除了意外险，基本上没有什么合适的保障可买，甚至是没有保险可买。道理很简单：60岁是人生的下半场，问题出现的概率是很高的，保险公司本身是营利机构，它不可能贴钱做生意，所以60岁以后的产品最大的特点是保障低但保费高，65岁以后几乎都不保了。所以目前只能给老人买意外保险，笔者选的是小雨伞的中国人寿综合意外，两百元可以保意外身故20万元，意外医疗1万元，保险可以持续保至85岁。

30岁，长期保险交费中，这个年龄似乎是性价比最高的：真正实现了同等保额下保费低，保期长的优点。给幼小的儿女买长期重疾和寿险，确实不划算，因为人生很长，儿女15岁前往往是开支最大，我们做父母的自然经济压力也是最大，用较小的保费获得足够的保障才是正道。买分红型的也不值得，有买的朋友不妨回忆一下，父母20年前花相对当时并不少的钱给自己买分红险，当时看似乎很值，然而现在几百上千元的收益能解决什么问题？前30年，每年只需要买好高额意外和高额重疾再配上高额医疗即可。三者保额都在100万元左右的情况下，消费型的保险只需2000元以下的保费就可以做到。正确的做法应该是把这部分保费用到自己身上，提高自己的保额，做好自身长期的保障，其实从另外一个角度来说，保障好了自身，也就意味着未来自己老了，解决了孩子们的后顾之忧，这不也是一种保险吗？

那自己买什么产品比较合适呢？这个可根据经济情况来定，如果承受得起，还是应该买长期重大疾病和寿险产品。所选产品最好符合以下几个特征：一是长期，最好是保终身，至少也是保至 70 岁以上；二是保额相等的情况下保费相对较低；三是交费期间越长越好。自己对比了很多产品，感觉弘康人寿的产品性价比较高，虽然公司不太有名，但保险产品设计得好，所以我选择相信弘康。建议大家可以做一个组合，长短期结合。其实这样的产品还是挺多的，只要是重疾和寿险相结合就可以。

慢即是快，富足人生稳赢之悟

有时，脑海总被一些互相矛盾的现象冲击，难辨好坏，也不知如何取舍。

慢即是快

股市中最明显的莫过于：经常能遇到一些神秘的投资高手，一年收益翻倍甚至多倍，更有甚者，似乎没有翻个三五倍都不正常；但与此对应，如“股神”巴菲特，多年复利收益也仅20%左右，很多老手，都对投资期望很低。同样一个市场，即使同一个人，为什么会有这么明显的感觉差？可能有这么几个因素。一是个股收益和整体收益的关系。个股很不错，但换算至整体收益就非常一般。真要重仓一股，涨的时候固然升得快，但跌的时候自然也猛。如果加杠杆就更是如此，“过山车”不是一般人能受得了的。二是仓位高低。毕竟时时满仓的人并不多，不仅是信心，更是能力的体现。多数人仓位时高时低，而且大多是涨的初期仓位低，跌的初期仓位高。三是投入资金的多少。很多人只是玩，这就意味着涨多跌多都无关大局，投入少，不翻几倍显不出效果，也提不起兴趣；但如果投入是大部分甚至是全部身家，按能解决自己问题的标准，即使收益一般，但绝对收益却不少，自然也就会选择不同的方式和方法。如果投入的资金是身家的大部分，仓位多数时候保持谨慎，绝少空仓和满仓，持股相对来说，也不会太单一，如此一来，收益率自然不会太高，但绝对收益倒是不会太少，这样其实挺好。更大的好处在于，没有大起大落，能保持持续稳定获利，回撤不大，心态很好。

投资方式要与自身性格相匹配

入市十余年，我走过不少弯路，也得到不少收获，时至今日，深感自身是属于体系重于选股的类型。我有几个典型特征：一是所选个股很少是大牛股，说明自己选股能力一般；二是持股数量五只，说明自己选股绝对信心不够；三是个股对总体市值影响有限，说明自己主要靠各股的合力。

明白自己是哪种类型，其实就是明白优劣势。至少，自己现在是比较适应和喜欢这种类型的。最初，我构建当前体系的宗旨就是无论何种情况下都能活下去，能持续稳定地盈利下去！至于盈利多少，何时盈利，放在次要位置进行考虑。笔者深感这个市场太大，高手强手太多，只有真正做到扬长避短，才能让弱小的自己轻松安逸地过好生活。

轻松、稳定、富足的生活就是好生活！

小作业

“解决问题”“财务与身体的两个健康”“先大人，再小孩”“慢即是快”……书中这些观点都不难理解，但每个观点都是实践经验的累积。

常言道“他山之石，可以攻玉”。读者朋友，本书看到这里，您不妨对自己的股票投资、家庭财务状况、身体健康状态、家人保险保障范围等做一个细致而全面的梳理。理清头绪后，相信您会颇有收获。

第五章

进阶之路

为什么巴菲特的投资“雪球”能滚成世界第一

2017 年 7 月 17 日，《福布斯》财富榜出炉。比尔 · 盖茨以 860 亿美元的净资产位居榜首，排名第 2 的“股神”沃伦 · 巴菲特个人财富为 756 亿美元。事实上，2008 年巴菲特就曾以 620 亿美元，短暂超过盖茨的 580 亿美元成为全球首富。

为什么巴菲特的投资“雪球”能滚成世界第一？认真阅读艾丽斯 · 施罗德所著的《滚雪球》一书后，我将原因总结为以下几个方面。

明确的人生目标

巴菲特 10 岁就确定了人生奋斗的目标和方向：通过各种方式赚钱，通过拥有钱而获取独立。

“钱可以让我独立，然后，我就可以用我的一生去做我想做的事情，而我最想做的事情就是为自己工作，我不想让别人主导我，每天做自己想做的事情，这对我来说非常重要。”

“11 岁的巴菲特坐在朋友家的门阶上，沃伦宣布自己在 35 岁的时候将会是一名百万富翁。”

很多人至死也没能领悟自己一辈子值得奋斗的目标是什么。对于绝大多数人来说，确认人生道路和奋斗目标是一个曲折而漫长的过程。

选择将投资作为人生的道路并不难，难的是能够坚持这条路走一辈子，而且走得很成功。因为它需要足够的本金和正确且经过牛熊验证的成熟投资体系。国内杨天南和李杰两位老师都属于年少早成，是目标明确且纯粹依靠投资已经走向成功的两位投资家，但从他们的经历来看，开启投资也是20多岁以后的事情。

对于我来说，在投资的第十一个年头确定了人生奋斗的道路和目标，下定决心要走投资之路，算是比较幸运的了。在这一漫长思考和抉择过程中我的最大的收获是，不再迷茫于前行的方向，不再纠结于职务和工作平台的遗憾；彻底理清了前行中需要努力的方向，制订了切实可行的人生规划方案，取得了家人的全力支持。

"复利"与"负复利"的意义和价值

在年少时，巴菲特就明白了"复利"与"负复利"的意义和价值。"沃伦开始从不同的角度思考时间。复利把现在嫁给了未来，如果若干年后，1美元变成了10美元，那在他的脑子里，这两个数字之间没有任何区别。"更为重要的是，巴菲特在明白"复利"的同时，深刻领悟到了"负复利"的巨大威力。

"从他6岁开始，他干了5年的活儿才积下120美元买了这只股票。沃伦意识到，以那会儿从出售热狗、高尔夫二手球，在棒球场贩卖爆米花和花生中赚到的钱为基准来计算，要把'丢失'（指巴菲特第一次买股因为害怕亏损和贪图小利，38美元买入城市服务公司跌到27美元，再回升到40美元时卖出，卖出后很快股价涨到202美元的过程）的利润赚回来，那得用好多年。他将永远、永远、永远地记住这个错误。"

16 岁的巴菲特迷上了赛马，通过父亲将国会图书馆所有和赛马预测有关的几百本书都借出来学习和研究。沃沦只在独赢赔率很高的时候才下大赌注。但有一次，他在第一轮比赛中输了，他没有就此回家，而是不停地下注，又不停地输，直到他输的钱超过了 175 美元——差不多输个精光。“我回到家，去了便利店，给自己点了他们提供的最大份圣代冰激凌，花掉了我剩下的所有钱。我一边吃，一边算我得送多少份报纸才能把我输掉的钱挣回来，而我损失掉这些钱是因为一些愚蠢的原因，那是我最后一次做这样的事。”

只有明白了“复利”的真谛，真正领悟到了“负复利”的痛苦，才会珍惜和牢牢把握每一分来之不易的本金。虽然深入研究并且谨慎行事，但年幼的巴菲特还是深刻感受到了“预测”“技术”和个人情绪的巨大不可控。“股神”付出一百多美元的“学费”就领悟到了别人可能一生都悟不透的真理！这应该也是巴菲特后来一接触到格雷厄姆的理念就立刻被深深吸引的主因：能够完全有把握地无风险稳赢。即使当前，我们作为以技术分析入市的普通投资者，最终皈依价值派的根本原因也在于此：能够以不变的准则应对万变的市场，实现长期稳赢。

从生活的角度来说，深刻领悟“复利”价值的人在投资初期能自然地做到控制物欲。巴菲特花 3 万多美元买的大房子，心痛地认为自己是不合算地用掉了 100 万美元。这一点在知名投资人唐朝的身上也是如此，他用出售贵州茅台股票购置的奥迪 Q5，仅仅两年其“购买价”已经实质性翻倍，这也成为了他自我调侃的话题之一。

任何一个有能力让资金保持持续增长的投资人都会有类似情况。正是因为有这种心理，才能够尽量保障滚雪球的本金持续变大。当雪球足够大的时候，雪球上掉下的碎屑也能够满足生活所需，这就是复利的价值和威力。

师从格雷厄姆，走上正确的价值投资大道

师从华尔街教父格雷厄姆，巴菲特走上了一条几乎没有回撤的“滚雪球复利之道”！投资生涯中年复利20%，前13年个人投资期间30%的投资收益率。这个看似“不高”但持续稳定的收益率，让伯克希尔公司的股东在52年内就增长超过了一万倍。

青年时的巴菲特从格雷厄姆身上看到了投资成功的方法，并确认了这种投资方式绝对正确，从而下定决心，选择了以投资为生的人生道路。

四年的刻苦学习加上三年的不懈自荐，只为换取跟随格雷厄姆两年多的无薪工作机会。巴菲特作为格雷厄姆真正的入室弟子（似乎也是唯一，可怜的沃尔特·施洛斯只是被归为熟练雇员一类，永远不可能升为合伙人）和接班人，前后十年才算取得“真经”。

虽然巴菲特独立开启职业投资时只有26岁，但实际上投资经验已经长达16年，而且其中10年都与格雷厄姆紧密相连。所谓十年磨一剑，经过长时间的学习和实践，巴菲特真正将企业估值、“安全边际”、“正确对待市场先生”等格雷厄姆的投资精髓融会贯通。年轻而老成的巴菲特已经拥有了非常成熟的投资体系和非常丰富的交易经验。

拥有超长的投资时间和足够大的启动资金

师承格雷厄姆，拥有了强大的投资体系、高超的投资水平，让巴菲特取得了长期稳定的投资收益率；超长的投资时间则可以让他把复利的效应放大到极致：由于巴菲特职业投资开启时间非常早，投资时间长达60多年，我们可以清晰地看到他的财富主要积累也来源于60岁以后。

与此同时，足够大的启动资金也是实现巴菲特投资神话的另一主

因。26 岁，启动资金 60 万美元，其中自有资金 17.5 万美元（巴菲特乘公交送报纸时公交票为 3 美分，据此估算，当时 1 美元购买力相当于现在的 66 元人民币，17.5 万美元其实是真正的“千万富翁”），家庭年开支仅 1.2 万美元。简单对比一下就知道极其不易：芒格 39 岁开始启动，仅 30 万美元；大师兄施洛斯（40 岁左右）仅 10 万美元，大部分是合伙人资金。

作为一名普通投资者，不太适合学习巴菲特过早进行职业投资，因为缺乏足够的资金基础和稳定的投资体系，贸然展开职业投资，无疑会承受巨大的压力和极高的失败风险。人生没有回头路，年纪越大越是如此！我们要做一个理性的投资者，投资个股是如此，人生安排也是这样！有意思的是，杨天南和李杰两位老师都不约而同地认为：职业投资的启动资金是 10% 的收益就能保障两年的家庭支出！

此外，我们要格外爱惜自己的身体，要努力确保健康，因为它能够让自己“越老越值钱”，这是可以通过努力去调整和延伸的因素。

拥有专注的优秀品质

《滚雪球》一书中写道：“晚饭的时候，盖茨的父亲问了大家一个问题，人一生中最重要的特质是什么？我的答案是‘专注’，而比尔（盖茨）的答案和我一样。”

通向成功的道路往往并不平坦，影响成功的因素复杂多样。只有专心致志、不懈努力，不受外界诱惑的干扰，扎扎实实地向着既定目标迈进，才能取得成功。巴菲特一生都一直专注于赚钱！经商、学习、投资、交际、亲友关系维护等全方面都与中心主题“投资赚钱”紧密相关。作为一个普通人，我们也应专注，要专注于努力构建一个良性循环的正反馈氛围和环境，通过长时间的积累和巩固，把它固化为一种生活习惯。

次要但也必不可少的要素

除了上述重要的方面，还有几点次要因素值得我们借鉴。

一是丰富的经商经验。巴菲特 10 岁开始投资，当小老板，正式开始职业投资前已经有 16 年商场经验。一个人的年龄并不是关键，重点在于他在已逝的岁月中积累了多少经验和教训。拥有丰富的经商经验无疑是一个巨大的投资优势。它能够让人快速理解商业模式，准确把握盈利来源，更注重企业本质而忽视市场波动，能够规避商业陷阱，逃离虚假繁荣。

二是有一个贤内助苏珊。她可以让巴菲特全身心投资，没有生活杂事的影响和拖累。贤内助会让你省去很多后顾之忧，这也是幸福生活的源泉。

三是极好的人脉。巴菲特的朋友并不多，但每一个都非常信任和佩服巴菲特。志同道合的朋友极其珍贵，因为他们是你前行的助力和陪伴，不必求多，合适才好。巴菲特、芒格之间的合作与友谊是最好的榜样。

为什么巴菲特如此推崇格雷厄姆和费雪

巴菲特说："我是85%的格雷厄姆和15%的费雪。尽管格雷厄姆和费雪的投资方法不同，但他们在投资界缺一不可。"

格雷厄姆和费雪

本杰明·格雷厄姆享有"华尔街教父"的美誉。纽约证券分析协会强调，格雷厄姆"给这座令人惊叹而为之却步的城市——股票市场，绘制了第一张可以依赖的地图，他为价值投资奠定了方法论的基础，而在此之前，股票投资与赌博几乎毫无差别。价值投资没有格雷厄姆，就如同共产主义没有马克思——原则性将不复存在"。格雷厄姆是巴菲特的恩师。

格雷厄姆的代表作品有1934年底出版的《有价证券分析》、1949年出版的《聪明的投资者》。格雷厄姆首创了"安全边际"的概念和理论。他提出，股票代表的是公司的部分所有权，而不应该是日常价格变动的证明；股市从短期来看是"投票机"，从长期来看则是"称重机"。

菲利普·费雪是华尔街极受尊重和推崇的成长股投资大师。巴菲特看了他的书后说：“运用费雪的技巧，可以了解这一行，有助于作出一个聪明的投资决定。我是一个费雪著作的狂热读者，我想知道他所说过的一切东西。”

费雪的代表作品有 1957 年出版的《怎样选择成长股》、1975 年出版的《保守型投资者夜夜安寝》，开创性地提出了“成长股”这一概念和理论。

格雷厄姆是费雪的投资界前辈，而且格雷厄姆的影响力在当时已是非同小可。1949 年格雷厄姆（55 岁）出版《聪明的投资者》后，在投资界的声望已经达到华尔街教父级水平。年仅 19 岁的巴菲特接触到此书后就被迷住了，也正是基于此，促使巴菲特成为了格雷厄姆的学生。四年学生生涯，三年通信联络，再加上后来近三年贴身追随，“十年磨一剑”，巴菲特学到了格雷厄姆的投资精髓，打下了深深的“格式首席门徒印记”。但因为没有亲身经历 1929 年的极度股灾，巴菲特最终摆脱了格雷厄姆的极度保守。

费雪于 1958 年（51 岁）出版《怎样选择成长股》，此时的巴菲特虽然年仅 28 岁，但他已经拥有 18 年投资和经营历史，5 年专业投资经历，两年职业投资基础；而且资本雄厚：管理着 7 个合伙公司，加上巴菲特公司以及他自己的钱，资金已经超过 100 万美元（《滚雪球》）。此时的巴菲特投资体系其实已经成熟。在没有太多人生和投资交集，而且恩师格雷厄姆不看好成长股投资方式的情况下①，年轻的巴菲特并没有受恩师“偏见”的影响，积极吸收了费雪的投资精髓为己所用。

① 根本没有理由使人相信，一个智力一般的投资者，即使投入了大量的精力，购买成长股的结果，会好于拥有更多更好研究手段，而且专门在这一领域投资但仍表现并不突出的基金公司。因此，我们不赞成积极投资者从事成长股投资。（《聪明的投资者》）

格雷厄姆和费雪的核心投资思想及其影响

格雷厄姆的核心投资思想包括：（1）安全边际。如果以4美分买入价值1美元的东西，赢的概率远大于亏的概率。（2）市场先生。市场的非理性波动是我们的朋友，能够提供以非常低的折扣买入和非常高的价格卖出的机会。（3）买入股份相当于买入公司的一部分所有权。证券市场短期是投票器，长期是称重机。

"低买高卖"是股市赚钱永恒不变的道理，但"低买高卖"又是全世界最难做的生意。从某种意义上来说，格雷厄姆"华尔街教父"的地位也是基于解决这个问题而取得的。格雷厄姆不仅首创了这个理念，而且提供了切实可行的分析和践行方法。在当时市场很不成熟、投机盛行、方式方法十分混乱的情况下，他用极度保守的估值方式（保守到清算价值还要大打折扣）开创了一条稳赢的投资之路。这给巴菲特这种极度厌恶"反复利"的亏损，格外重视"正复利"积累的投资人带来了福音，让巴菲特"好像找到了上帝"。

格雷厄姆以"市场先生"的名义直观明了地解读了正确面对市场非理性波动的方式，告诫普通投资者忽略市场波动的表象，而要关注企业本身的价值；对于4美分价格兑现1美元或者更高价格的漫长等待过程，则用"短期是投票器，长期是称重机"的观点予以支撑，教导人们价值虽然可能迟到，但永不会缺席；用对待投资企业一样的思想买入股权，做好长期坚守的准备，终能实现预定目标。

1984年，为了纪念《证券分析》出版50周年，巴菲特在哥伦比亚大学座谈会上以九位格雷厄姆和多德部落的超级投资者所取得的惊人投资成果为蓝本，用铁的事实有力地驳斥了"股票市场有效理论"，总结归纳出价值投资策略的精髓，在投资界形成了非常大的影响力。巴菲特对格雷厄姆投资理论在实践中的应用有非常精彩的评述："他们根据非常不同的方法来进行投资，他们居住在不同的地区，买卖不同的股票和企业，但他们总体的投资业绩绝非是因为他们根据族长（指格雷厄姆）的指示所做出完全相同的投资决策，族长只为他们提供了投资决策的思想理论，每位学生都以自己的独特方式来决定如何运用这种理论。"①

费雪在《怎样选择成长股》里，对有关成长股的标准、如何寻找成长股、怎样把握时机获利等一系列重要问题进行了全面而详尽的阐述。尤其是对买入和卖出给出了最直接的"金标准"。

关于买入，费雪投资哲学的核心是：强调公司的管理，找到现在被市场忽视，但是未来几年内每股盈余将有大幅度成长的少数优质股票。费雪认为，最佳买入点应该是在"盈余即将大幅度改善，但盈余增加的展望还没有推升该公司的股票价格时"。抓住最佳买入点的基础就在于，能够正确判断目标公司相对于整体经济会有什么样的表现。另外，由于市场的原因导致的股价大幅下跌，也是买进优质股的好时机。

对于卖出持股，费雪认为只能基于三个理由：首先是原始买进时就犯下了错误；其次是公司出现了重大问题，管理出现退步，或者是增长潜力消耗殆尽，难以继续拥有突出的表现；第三个理由是投资者又发现了比手中持有的股票更优秀的品种。

为何坚持吸收费雪的思想

恩师格雷厄姆不赞成从事成长股投资，巴菲特为什么还要坚持吸收费雪的投资精髓为己所用？笔者认为有四个原因。

第一，格雷厄姆在具体投资方式上存在局限和不足：过于保守，持

① 节选自巴菲特的演讲《价值投资为什么能够持续战胜市场》。

仓过多，而且需要经常更换（不断找寻和更换烟蒂）。对此，《滚雪球》一书写道：“对美国长期的经济发展，巴菲特持积极的乐观态度，这使他能够违背他父亲和格雷厄姆的投资建议。不过，他的投资风格仍然反映了格雷厄姆的习惯，以生意终结时而不是可以继续自下而上的价值作为判断基础。但芒格希望巴菲特以别的而不是纯粹的数据条件定义安全边际。为了做到这些，在解决一些理论上的问题时，芒格反对巴菲特有时不经意间冒上来的灾变理论。”由此可见，1929 年的大股灾带来的悲观情绪已经铭刻在了巴菲特父亲和格雷厄姆等上一代人的灵魂深处，也直接深深影响了下一代的巴菲特。巴菲特在一次股东大会上说芒格让他从一个猴子进化成了人类，应该指的就是芒格把他从这种深深的影响中拉出来向前走。

在这个问题上，除了对巴菲特影响最大的芒格外，还有赫布·沃尔夫、比尔·鲁安和费雪三个人。

《滚雪球》中记载道：“赫布·沃尔夫是我见过的最聪明的人之一。一天，赫布对我说：‘沃伦，如果你在一个黄金堆里找一根黄金做的针，那么找这根针就不是更好的选择。’但我有这样的习惯，隐藏越深的东西，我就越喜欢。我把这看成了一个寻宝游戏，赫布帮我走出了这种思维方式。”

这种背景下，费雪自然而然地走入了巴菲特的视野。正是因为巴菲特有了这种思想上的转变，才会让他更容易接受更好、更优秀的投资方式。当然，这一切的前提还是在格雷厄姆“安全边际”的基石上展开的。巴菲特说自己是 85% 的格雷厄姆，15% 的费雪，85% 的格雷厄姆指的就是这个基石，15% 的费雪指的是在这个基石上对格雷厄姆“烟蒂投资法”转换为“成长股投资法”的替换。

第二，费雪的投资理论足够优秀。《滚雪球》中写道：“到 1962

年，巴菲特已经摆脱了这种寻宝的思维方式，但是，他还有点儿像赫布·沃尔夫说的那样热衷细节。巴菲特设定了日程表，并且掌控进程以避免陷入寻宝游戏中去。菲利普·费雪是增长学说的传道者（最好的朋友，红杉基金创始人比尔·鲁安把费雪的思想介绍给了巴菲特），认为许多定性的因素，如保持销售增长率的能力、好的经营管理以及研发能力是优秀投资项目的重要特征。这就是芒格谈到大生意时，他所需要寻找的品质。费雪认为，这些因素可以用来衡量股票的长期潜力，这慢慢渗透进巴菲特的思想，并且最终影响到他做生意的方式。”

第三，巴菲特可投资金量的增长决定了投资方式上必须改良为费雪模式。“1964 年年初，他已经拥有 180 万美元，公司的资本接近 1750 万美元。”“因为那些‘烟蒂’一般都是些小公司，如果是拿一大笔钱来投资，这种方法就不奏效了。”（《滚雪球》）

随着市场和巴菲特投资资金的不断壮大，格雷厄姆“烟蒂投资法”越来越不适合巴菲特。一方面，市场中便宜的烟蒂越来越难找；另一方面，巴菲特当时的资金量已经可以随便影响和控制中小型企业。换句通俗的话来说，格雷厄姆开创的小池子已经养不下巴菲特这条越长越大的鲸鱼。

第四，“成长股投资法”实际应用中的巨大回报。《滚雪球》中写道：“合伙公司 1962 年成立的时候，只有 720 万美元的资金。巴菲特一点儿也不害怕集中加仓，他一直不停地买进运通公司的股票，到 1966 年已经在该股票上花了 1300 万美元。他觉得合伙人应该了解一个新的‘基本准则’：我们远远没有像大多数投资机构那样，进行多样化投资。也许我们会将高达 40% 的资产净值投资于单一股票，而这是建立在两个条件之上：我们的事实与推理具有极大可能的正确性，并且任何大幅改变投资潜在价值的可能性很小。”

“在美国运通公司一事上，巴菲特已经拥有了后来他称之为‘高度可能性的洞察力’，这打乱了格雷厄姆的核心思想。和其他公司不一样，美国运通公司的价值并不是来自现金、设备、房地产或者其他可以计算的资产，如果有必要清算，它所拥有的不过是对客户的信誉。巴菲特把合伙人的钱全部押在这个信誉赌注上。这是芒格说起这桩‘伟大的生意’时，一直不停提到的竞争优势。而这正是费雪提到的更弱智的分类方法，它用的是定性分析，与定量分析相对。”

“对定性分析方法的新的强调是在1965年年底，巴菲特向合伙人宣布取得巨大成果时获得了回报。”（《滚雪球》）

投资美国运通是巴菲特投资方式转型的代表作，也是巴菲特投资生涯的经典作之一。美国运通于巴菲特的意义不仅体现在投资效益上，更体现在投资美国运通让巴菲特感受到了“浮存金”的巨大威力和无比的妙用。“由于美国运通与保险公司有许多相似之处，其中一个关键的相似性是来自浮存金的投资收益并没有显示在经营利润中。1963年，美国运通仅1100万美元的经营净利润，但通过浮存金美国运通就挣了一个440万美元的税后已实现的投资利得。”（《巴菲特估值逻辑——20个投资案例深入复盘》）

为什么戴维斯家族富能过三代

戴维斯是美国著名的投资家，不仅自身投资成绩卓越，而且子孙后代都誉满天下，开创了属于自己家族的戴维斯王朝：1909 年出生的老戴维斯，5 万美元起家，至 85 岁离世时创造了 9 亿美元的财富，累计复利回报 23.18%；第二代谢尔比掌管的基金，20 年中有 16 年战胜标普 500 指数，年化复利 19.9%；第三代克里斯掌管的基金，1995—2013 年年化复利 11.95%。如雷贯耳的“戴维斯双击”便出自戴维斯家族。

中国有句俗语叫“富不过三代”，而戴维斯家族能在投资界长盛不衰的秘诀是什么呢?

固守能力圈的重要性

戴维斯投资历程中获利最大的 12 个投资标的中有 11 家属于保险公司。戴维斯用一生坚守保险行业的实际行动，向世人证明了固守能力圈的价值和所能取得的伟大成果。

戴维斯为什么如此钟爱保险股呢？因为保险业是戴维斯能力圈内最强的部分，他只是将自己最擅长的事情坚持做好一辈子，将自己在保险业中的专业能力和优势发挥到极致。类似的，巴菲特即使和盖茨亲如家人，但也未买过一股微软的股票，甚至从不买高科技公司（IBM 也不是按高科技公司评估买入）。这两位都是投资历史超过 50 年的成功投资大家。

戴维斯对其他行业都一点不懂吗？肯定不可能，戴维斯只是选择坚守自己的能力圈。巴菲特不懂吗？恰恰相反，巴菲特实际上很懂科技股，只是因为预测这些公司的现金流非常困难，而坚持不买。

其实，能力圈无须刻意划分，因为它会自然形成。知道了自己能力圈的边际，知道了投资对象的边界，就自然将股票划分为圈内和圈外两个部分。很多时候，我们高估了自己的能力圈，主要原因在于自身的专业知识、投资体系等能力圈相对容易确定，但投资对象的适用边际却极难划分！这会导致我们经常跳出能力圈而不知，直到市场给予深刻教训时才幡然醒悟！

真正的能力圈不仅是集中精力做好自己擅长的事情，更重要的是要能够清晰地分辨能力圈的边界，宁愿放弃极具诱惑的机会，也要坚持不进入没有把握或没有办法确定的能力外圈。

实践中如何做到固守能力圈

熊市不会鸣着喇叭宣布自己的到来！2018 年的股市行情再次验证了这一点。年初大家在一片股市估值合理，不具备大幅杀跌的预判中，迎来了一波又一波的持续下跌。从 2 月的 3587 点跌到 10 月的 2449 点，虽然 30% 的下跌幅度比 2015 年和 2008 年的绝对幅度要低，但杀伤力却一点不差，很多个股腰斩，期间跌幅超过 70% 的股票也不在少数。

这轮下跌过程中，有些个股十分特别：它们在近些年业绩持续增长，管理层非常靠谱，而且经历了 2015 年的股灾后仍能屡创新高，但在2018年这轮股灾中跌幅巨大。例如，华夏幸福从45元跌至20元，东方园林从20元跌至7.5元，利亚德从17元跌至6.5元，等等。

为什么会出现这种现象呢？通过思考和分析，我们可以发现它们有一个共同点：虽然行业完全不同，但是都需要大量资金维持和驱动。这种企业，在经济情况比较好的年代，业绩都是插上雄鹰翅膀的母鸡；但遇到经济景气下行，企业经营面临极度考验，变回本来面目的母鸡，自然难逃一头栽下的命运。

从行业比对和很多方面分析，这些无疑都是优秀的企业，投资人由于之前的过硬业绩往往容易深陷其中，经历2015年那样的股灾仍能创新高，全市场能有几家？相比其他基本面差或明显造假的企业，这种类型更加难以把握和防范。如果重仓其中，对投资人的损害也将加大。从某种意义上来说，无论投资人估值时有何安全边际作为防范，仍难免被其伤害。

这些企业为什么会出现这种情况呢？答案就在《巴菲特投资之道》的第69页："相对于利润而言，重资产型企业财报中所提供的利润指标常常是虚的，因为这类企业被通货膨胀悄悄侵蚀，它们的盈利就像海市蜃楼一般并不真实。"

如何规避这种风险呢？其实答案很简单，从投资源头上去解决：一开始就不要买入这种类型的股票，无论这种类型有多么优秀和漂亮的财务表现，不管它们的股价是否冲破云霄。

投资自己最擅长的行业，选择最理想的目标，自然就能避开很多潜在的陷阱和风险。不买财务有疑点的企业，就能最大限度避开财务造假；不追题材股、概念股，基本就与"妖股"和"庄股"绝缘；不买高负债、重资产的个股，经济危机时自然也能安然应对；不买价格虽然便宜但资质一般的企业，就没有输了光阴又输钱的隐患。

投资最大的安全边际产生于投资标的选择之时。

真正优秀的企业，往往都有生意简单、行业前景广阔、与人们生活息息相关、业内竞争优势明显、财务指标出色、管理层优秀等很多共性。持有这些企业让人感觉安心、舒服，没有太多压力。即使买入价格不理想，也没有本金永久损失的风险，最多只输时间不输钱。

为什么在实际操作过程中，我们并不总是选择这些明显优秀的企业，反而买入了很多不优秀，甚至事后看来明显有问题的企业？其实是自己在无意之间出了能力圈！更重要的是自己没有从源头上把握好，这种出圈是必然的事情。

哪些投资目标才是我们投资者的最佳选择呢？巴菲特早已白纸黑字地告诉了世人。《巴菲特投资之道》第53页写道："企业简单易懂、有持续稳定的经营历史、有良好的长期前景；管理层理性、坦诚、独立思考；有好的利润率和净资产收益率、现金流充沛；在没有财务杠杆的情况下，也能产生令人满意的回报；每一美元的留存至少创造一美元的市值。"

正确看待和应对股票市场

戴维斯祖孙三辈的投资史其实就是一本活的美国股史。《戴维斯王朝》第15页写道："他们的投资经历了两次漫长的牛市、25次调整、两次严酷的熊市、一次大崩盘、七次温和的熊市、九次衰退、三次重大的战争、一次总统遇刺、一次总统辞职、一次总统遭弹劾。"

从戴维斯家族走过的历程来看，不管世界如何变化，无论经济如何发展，但唯有人性不变。

从历史上看，股市升跌与经济好坏并非完全同步。股市崩塌的时候，经济往往还不错；而股市飙升的时候，经济有时还很悲惨。这让他意识到，股票不会去理会报纸上的那些评论，或那些骇人的头条。这些股票会由于绝望而被定价，也会面对绝望而重振雄风，东山再起，即使当时股票所代表的公司仍在泥沼中挣扎。

戴维斯祖孙三辈的投资史，再次证明牛熊交替是一种正常的历史和经济规律，即便重大的历史事件也只能短期影响市场走势，不会改变股市原有运行轨迹。极强的牛市往往随后伴随着数年甚至十多年的大熊市，极大的熊市未来数年内也容易引发出极强的牛市。只要在极端时候不被市场消灭（这就是很多普通投资者不能使用杠杆的真正原因），必能迎来胜利的时光。

不要为成长支付高价

能让戴维斯的儿子谢尔比后悔40年的教训是什么？答案是为成长支付高价。这一教训让年轻的谢尔比在职业投资初期，五年内没有一分钱盈利。

从谢尔比的惨痛教训中我们可以学到什么？以合理的价格购买适度增长的公司的股票。2018年的熊市用持续的下跌，给市场中的成长股投资者们上了非常重要的一课！

在经济高速增长的快车道上，每一个十年，总有为数不多但可靠的公司能跑在前面，成为赢家。蓬勃火热的快速成长股和稳步前行的价值股之间存在一个中间地带——有一类利润能持续稳定增长、股价又合理的股票。戴维期家族的投资风格就属于这种折中型投资。

折中型投资要求有一个较长的等待时间才能进入收获期。而投资就是你今天安排好你的钱，希望将来能得到更多回报。事情的关键在于两个问题：买进什么样的公司的股票？支付多少价格？问题一的答案是，买进那些收大于支的公司的股票，这样的公司的盈利循环会将股东利益最大化。第二个问题的答案是，等待合理价格的出现。

避开廉价股、高价股；以合理的价格买适度增长的公司股票；等待合理价格的出现；顺势而为、紧扣时代主题展开投资；抱牢真正优秀的好股，让赢家持续奔跑；投资于优秀的管理层；忽略后视镜，大股灾中勇敢买入；坚持到底——这就是戴维斯王朝投资成功的所有秘诀。

教育与传承

对孩子最好的教育就是言传身教

父母的一言一行，都会给孩子带来深远的影响。儿时的一件小事、“难事”，会成为铭刻在孩子内心深处的记忆。戴维斯用自己的言传身教雕刻出孩子节俭、勤劳、好学、独立的优秀品格。其实，这些事情也会成为未来家人之间久远的美好回忆。谢尔比将财商教育、优良品格培养等沿用到了第三代孩子身上。

对孩子事业的选择要巧妙引导但绝不强制干预

戴维斯、谢尔比和两个孙子安德鲁、克里斯三代人都进行投资，但三代人投资的方向和内容却大为不同，彼此成长路径也完全不一样。戴维斯一生钟情保险业；谢尔比擅长风险基金，投资涉猎范围广泛，个股盈利最多的股票是“房利美”；安德鲁精于“可转债”，专心致力于房地产公司的研究；克里斯则在戴维斯、谢尔比的共同培养下，变得非常全面而成熟。

戴维斯、谢尔比从未对孩子们的未来进行强制干预。让孩子自己大胆地去主动尝试，但关键时刻巧妙引导、安排，放孩子在外打拼，逐渐成长、成熟后发出邀请，让孩子心甘情愿地走入预期轨道。也许这就是戴维斯家族最好的成长之道吧。

亲情是人生中最重要的财富

财富可以积累幸福的高度，健康可以延长幸福的长度，亲情则丈量着幸福的宽度。

透过图书，我们有幸窥见和领略到了戴维斯的一生。他是一位成功、伟大的投资家！他的奋斗历程，财富积累的过程，对儿孙的教育经验，对财富的正确传承，值得我们每个投资人认真学习！

戴维斯的一生是关于奋斗、投资、财富、教育、长寿和传承的幸福人生！

“11 岁”股民的价值投资思考与实践经验分享

韩寒在《后会无期》电影海报中写道：“懂得了很多道理，却依然过不好这一生。”在投资中，我们应该要努力避免懂得了很多道理，却依然做不好投资的问题。

雪球大 V，@闲来一坐 s 话投资老师将格雷厄姆、费雪、芒格与巴菲特等几位投资大师的思想，统称为“巴菲特思想”，并把他们的思想当成三大思想武器——认识人性的思想武器、认识股市本质的思想武器、认识商业本质的思想武器。

这是一个非常值得思考的观点。“巴菲特思想”是一个集体的智慧结晶，也是一种传承和发扬，更是一种对投资思想的高度融合。在商业模式上，特别是在分析企业显著的经济特征方面、抓住商业的本质方面，鲜有人超越费雪与巴菲特。在认清股市本质的情况下，利用市场先生的愚蠢与疯狂，克服人性的不足，实现成功投资是完全有可能的。当然，这一切的前提是我们需要具有辨识和把握少数优质企业的能力。

作为一名普通投资者来说，应该如何开展投资呢？下文以笔者践行价值投资多年来的思考和实践为基础，从投资方法方面进行分析。

定性

费雪在《怎样选择成长股》中写道："如果能找到真正优秀的公司，坚定持有它们的股票，即使是在震荡波动的市场也不为所动，事实证明，运用这种方法赚到钱的人远比用买低卖高法赚钱的人更多，而且赚到的收益也会更高。而我们作为投资者需要具备的能力，就是从纷繁的市场中分辨出这类提供绝佳投资机会的少数公司，将它们与那些表现平平的公司和彻底失败的公司区别开来。"那些数十年来始终保持着惊人的成长速度的公司大体可分为两类，一类为"幸运而且能干"的公司，另一类是"因为能干所以幸运"的公司。"我们确定自己已经找到这样一家公司时，最好是长期坚定持有它的股票。"

费雪的儿子肯尼斯·费雪在父亲原有的基础上结合自己的投资实践，写出了《超级强势股》一书，根据市销率、市研率，聚焦于那些早先快速成长后因产品周期、管理层犯错等因素而陷入困境的公司，从中甄别出能重铸辉煌或凤凰涅槃的潜在"超级强势股"，以次级公司的股价买入，一旦公司度过艰难困境，投资者即可在 3 ~ 5 年内获取 3 ~ 10 倍的超额回报。

费雪特别强调投资者应该要买入有竞争壁垒的公司：这家公司能做些什么事，而其他公司却没办法做得那么好？费雪的观点无疑是与巴菲特所倡导的特许经营权或者彼得·林奇口中的利基等观点相一致的。

投资股票就是投资企业，最核心的地方是要弄清企业的核心竞争力之所在。对于一家企业，只有深刻理解其经营模式、盈利模式，确认其未来的发展具有独特性、唯一性，那才值得重仓，值得长期持有。通俗讲就是：自己有的别人没有；自己做得到，别人做不到！这种优势越大越好，越独特越好。当然，这只是对生意模式的一种感官认识，真正的投资还需要更多优异的数据进行定量支撑。

费雪在《怎么选择成长股》一书中给出了十五条评判公司的原则；波特也提出著名的“五力模型”与“三大竞争战略”供我们借鉴；此外还有其他很多大师都有不同的评判标准。但让普通投资者头痛的是，这些都很好，很厉害，但需要足够的投资经验和时间累积才能深刻体会和应用，因此还是没能避免“懂得了很多道理，却依然做不好投资”的问题。

李杰老师在《公司价值分析案例与实践》一书中对评判“高价值企业”设置的框架和标准，可以为我们提供一个很好的参考。该评价体系包括5个方面。

（1）巨大的商业价值：突出生意的“总量”。

（2）优良的生意特性：突出的是其盈利的“质量”。

（3）处于价值扩张的阶段：强调的是企业实现“量”时的“效率”。

（4）高重置成本及定价权：代表了这种增长和扩张具有的确定性。

（5）优秀且可信赖的管理层：这是将企业“优势”转化为“胜势”的关键要素。

具体到实际操作中，“高价值企业”往往具有以下全部或多个特征。

（1）大行业小公司：这决定了企业的市场发展空间及股价未来潜在的上涨倍数。

（2）轻资产，扩张的边际成本小：这决定了企业成长速度的快与慢。

（3）高客户黏度：能够牢牢黏住客户、真正在客户身上扎根的生意才是好生意。

（4）弱周期性：这决定了受市场和宏观经济影响的程度。

（5）强竞争优势：对于新进入者有较强的业务壁垒，其竞争优势不容易被快速颠覆。

（6）优秀的管理层：好赛马加好骑手取得好成绩。

（7）RNG①：指净资产收益率水平还有较大提升幅度；业务可持续发展空间和竞争优势都能维持较长时间；净资产还有广阔的增长空间。

巴菲特在商学院演讲时说："我可以给你一张只有20个打孔位的卡片，你可以打20个孔，代表着你在这一生中所有可以做的投资，从而最终增加你的财富总值。但是一旦打完了卡上所有的孔，你就不能再做任何投资了。那么，终其一生，一定是卡片上洞洞最少的学生成为巨富。"

如果拟投资企业具备"高价值企业"的诸多特征，笔者就会考虑在这"张"卡片上打下一个洞。在我的投资卡片上，目前爱尔耳科、济川药业、宋城演艺等都已经打上了投资之洞。

定量

股票投资第一法则是不要亏损。其本意是要进行有把握的投资。如何做到有把握地投资呢？答案是：低价买入优秀企业的股票。

定性分析中，品牌、垄断、资源优势等，这些都是抽象的，不太好把握，但可以通过五大数字来具体体现：资本投资收益率、股本增长率、盈利增长率、销售增长率、自由现金流增长率，这五大数据如果每年都能超过10%，那证明这家企业是有护城河的，数字越大，越稳定，它的护城河就越宽越大。此外，还有一个需要注意的数字是债务。一般

① RNG：R表示净资产收益率的高度，N表示竞争优势所能维持的持久度，G表示净资产本身的扩张幅度。

来说，五大数字好的企业债务也不高，但金融业是例外。债务的评价办法是用企业的长期负债除以自由现金流或当年的盈利额，如果所得数据小于 3，这就说明债务是可控的。

所谓好马配好鞍，好的企业还需要好的管理，因为如果管理者不行，再好的企业也会被搞差甚至搞垮。要注意管理层，尤其是 CEO 的表现，有三个方面可以进行衡量：一是公司的年报，二是内幕交易，三是 CEO 的年薪与言行，看是否与年报的内容相一致。如果管理层是以股东为重，有远大目标，并且干劲十足的话，这就是一个好的管理层。这方面的定量分析同样重要，但相对更难一些。

在上述观察指标的基础上，笔者还会增加费雪及其儿子肯尼斯·费雪关于市销率和市研率的研判。

技术

虽然笔者在早期的投资中投入了大量的精力和时间学习技术指标，但经过多年的实践检验，事实证明，绝对不能过于依赖技术指标。没有基本面支撑的技术，只是时灵时不灵，类似于抽签求神。技术面最大的作用，是在基本面锚定的前提下，寻找好的买点和卖点。

技术指标不需要太多，抓住几个重要的就够用了。笔者采用的是威廉·吉勒在《如何利用图表在股市中获利》一书中介绍的几个要点：趋势、支撑与阻力、200 日移动均线；另外还有菲尔·汤恩在《一号法则》一书中有关 MACD、KDJ 的应用，布林通道也可适当参考。所有技术指标在实际应用中都应尽量参考中长线，忽略 30 日以内的短期影响。

买入小技巧：通过波段操作，将成本降到最低或阶段性最低点，有利于长期持仓的好心态。在具体操作方面，可以参考雪球人气王@小小辛巴在《百箭穿杨》中提出的五档买入法。

买入心法：时机未到不要急，时机一到不要怕，时机一过不要悔。这一心法并非笔者首提，但个人认为，这是解决买卖股票心理矛盾，克服贪婪与恐惧最好的一句话。当然，这一切的前提是，事前充分研究并制订切实可行方案。

估值

再好的企业，投资也需要按自己的估值方式去测算，只有顺利通过自己的测算后，按标价的五折买入，真正做到“五角的价格买入价值一元的东西”，才能拥有强大的安全边际。笔者主要采用两种估值方式进行测算。

“一号法则”估值计算方法。首先，通过五大数字确定增长率，与专家预测的数字进行对比，取低者；其次，算出股票历年的平均市盈率，与增长率的两倍对比，取低者，这样就得出了增长率和未来的市盈率；再次，通过当年的每股盈利和增长率，算出未来第十年的每股盈利，再乘以未来的市盈率，就得出了未来的价格；最后，以15%的最低收益率为基础，反推当前的价格。根据反推出的现价，打五折就得出了安全边际买入价。如果股价低于安全边际买入价，就可以购入。

格雷厄姆成长股估值法：

价值 = 当期（正常）利润 ×（8.5 + 两倍的预期年增长率）

这一方式确实如格雷厄姆所说：该公式计算出的数据，十分接近于一些更复杂的数学计算所得出的结果。

本人使用多年来的结果证明：“一号法则”计算过程虽然非常复杂，但很多时候结果确实与格雷厄姆成长股估值法接近。

小作业

莎士比亚曾说过："一千个观众眼中有一千个哈姆雷特。"本章提到的经典投资书籍只是著者个人的观点分享，建议您在阅读时也将自己的感想和所获用文字的方式记录下来，这样它就会从书本知识转化为您自己的投资能力。

更重要的是，分享是一种快乐！

歌德说："读一本好书，就是和许多高尚的人谈话。"一本经典书籍，就是一位大师一生心血的凝聚！读一本好书，就如同沐浴在阳光下的玫瑰；读一本好书，仿佛是经历一次心灵的洗涤；读一本好书，就像是站在巨人肩膀上的远眺！阅读和学习的历程就是读者与作者进行交流、探讨、学习的过程。通过与作者进行心灵的对话，能够让我们看得更远更透；更有甚者，有时候一本好书甚至可能改变我们的人生轨迹。

第六章

股海掘金

“大蓝筹”之“现金奶牛”：中国神华[①]

定性分析

不可或缺的行业

中国是典型的多煤少油国家，煤炭在能源中占比超过60%，这一背景注定煤炭是当前中国不可缺少、短期也不可替代的能源。

受制于经济基础及资源禀赋，我国的工业基础是以煤为原料进行设计的，至2030年预计煤炭也将占50%以上的市场权重。尽管目前我国的煤炭消费结构呈现多元化的特点，但长期以来，电力、冶金、化工和建材4个行业仍是主要耗煤产业，而这些产业又是整个国家经济运行的基础。任何形式的经济刺激举措，都将最终传导到煤炭行业中。

首屈一指的龙头

中国神华拥有煤炭资源储量250亿吨，而国内第二大的煤炭上市企

① 本节是笔者2015年底采用“守株待兔”法买入中国神华时所写的研究材料。

业——中煤能源资源储量为 195.1 亿吨，中国神华较其多出 54.9 亿吨。中国神华无论从煤炭资源储量还是煤炭产量，都是国内毫无争议的行业老大。

中国神华是世界一流的煤炭综合能源公司，是我国规模最大、现代化程度最高的煤炭企业和世界上最大的煤炭经销商；公司是世界领先的以煤炭为基础的一体化能源公司。

突出的竞争优势

煤炭企业中，中国神华的煤、电、路、港、航一体化优势非常明显，再加上公司正确的战略，电力行业低迷时，提前收购电厂，完善了煤电一体化，煤电逆转后，电力盈利对冲了煤炭盈利的下降。

神华业务均衡，抗风险能力强，从煤炭开采、运输到使用（发电）形成了产运销一体化。

（1）公司最大的亮点在于其成本优势。公司自产煤吨煤生产成本仅为 123 元/吨，而一般煤炭企业吨煤生产成本至少比其高出 200 元/吨左右。中国神华的低成本优势主要源于资源优势。公司的主要矿区神东矿区是世界上生产效率最高的井工矿区之一，采用了世界最先进的开采技术和开采设备；准格尔矿区和胜利矿区是露天矿，埋藏浅，易开采。而且，这些煤矿的煤炭资源都是当地最好最优质的，设备、技术也都是最新的。另外，公司成立仅十多年，人员负担少。目前公司拥有的煤矿都处于青壮年时期，没有面临枯竭的情况。可以说，公司的低成本优势很难复制，而且是可以长期持续的。这一优势是公司最重要的核心竞争力。

（2）公司是中国第五大发电企业。截至 2015 年 6 月 30 日，公司发电总装机容量达到 46428 兆瓦。公司积极开展技术研发，实施燃煤发电机组“超低排放”改造，实现烟尘、二氧化硫、氮氧化物等实际排放值达到或优于燃气发电机组大气污染物排放标准，全年完成“超低排放”改造的燃煤发电机组总装机容量 2350 兆瓦。

在确保了煤炭业务可靠消纳的同时，还开发了一片新的盈利空间。虽然中国神华是一家立足于煤炭开采业务的公司，但其发电业务规模逐年壮大，已经成为全国第五大发电集团。其燃煤机组发电的煤炭自给率达到了 80% 左右，稳定了电力业务的盈利。与国内主要电力上市公司的盈利对比来看，中国神华电力业务毛利率基本处于电力上市公司的最高水平。

（3）公司拥有完善便利的运输体系。强大的铁路、港口、航运运输体系，能够将自身的煤炭低成本地转化成有效供给，形成一个巨大的煤炭物流体系。且由于运输体系较为发达，公司还可以沿途收购低成本的无配套运力的贸易煤，扩大煤炭产销规模。公司运输业务很好地衔接了上下游产业，保证了煤炭的运输、销售及对电厂等下游产业的顺畅供应。尤其是在运力紧张的时期，公司在保障一体化系统安全运营的同时，运输业务也能实现很好的收益。

（4）公司拥有横向拓展延伸潜力。在煤炭行业整体供给过剩的局面下，发展煤化工业务，使公司实现了从“煤炭—发电”产业链向“煤炭—煤化工”产业链的横向拓展延伸。

供给侧改革的直接受益者

经济转型是未来发展的必由之路。放弃原有的粗放经营模式，淘汰落后和过剩产能，促进新经济的良性发展与整个社会的可持续发展，是未来发展的大方向。在此背景下，煤炭、钢铁去产能持续时间越长，拥有资源优势、管理优良以及优秀经营模式的公司就越会脱颖而出。中国神华，会是其中最耀眼的能源先锋。

在煤价持续低迷且短期内难以好转的背景下，成本过高的小煤矿已经陆续被淘汰出市场。中国神华以其强大的市场地位及优质资产资源，对市场的掌控能力将进一步提高，市场份额将进一步扩大。在煤炭行业探底及兼并整合的大趋势下，中国神华作为行业龙头，必将占据整合主体地位，或将成为未来行业洗牌中的最大受益者。

测算与操作计划

优秀而稳定的分红传统

表6－1　中国神华历年分红统计及测算　　单位：元

公告日期	分红年度	每10股派息	对应每股派息
2015－06－06	2014	7.4	0.74
2014－07－04	2013	9.1	0.91
2013－06－28	2012	9.6	0.96
2012－06－01	2011	9	0.90
2011－06－03	2010	7.5	0.75
2010－06－29	2009	5.3	0.53
2009－06－16	2008	4.6	0.46
2008－05－29	2007	1.8	0.18
多年平均每股股息			0.68

从表6－1可以看出，上市以来，中国神华每年均保持稳定分红。作为股市新手，只需查看企业主要财务指标状况，确定最重要的一点：中国神华每年净利润都是正数而且在持续增长，没有亏损现象，这就是龙头企业能够持续稳定分红最大的保障。

“守株待兔”买价测算

表6-2　“守株待兔”法对应中国神华买入计划

多年平均每股股息（元）	股息率	对应A股买入股价（元）	对应港股买入股价（汇率0.82）（港币）
0.68	5%	13.60	16.59
0.68	6%	11.33	13.82
0.68	7%	9.71	11.85
0.68	8%	8.50	10.37
0.68	9%	7.56	9.21
0.68	10%	6.80	8.29

表6-2中，信息搜集及测算过程简单，结果清晰易懂。它的最大作用和意义在于，这是投资者的行动指南！在没有扎实的财务基础、没有足够的技术经验的情况下，也能依据此表做出合格的投资决策。

总结：中国神华完全符合“守株待兔”中优质、低价、高分红的择股标准。这类股票最美妙的地方在于，下跌中有分红，给持股者强力支撑，让投资者真正做到越跌越买；上涨过程中，享受股价上涨的同时还能笑纳分红的喜悦，这也是“守株待兔”最具魅力的地方。

创业板之“蒙尘”白马：宋城演艺[①]

定性分析

公司基本情况

宋城演艺号称“演艺第一股”，创造了中国旅游演艺市场的五个“第一”：演出场次第一、观看人数第一、演艺收入第一、演出利润第一、毛利率第一。平台年客流量超过 3000 万人次，是当之无愧的国内演艺行业龙头企业。

公司实际控制人黄巧灵及其行动一致人控股超过 50%。黄巧灵是中国旅游演艺行业的专家，公司主打产品千古情系列演艺作品总导演、总策划、艺术总监，被业界誉为“中国旅游演艺导演第一人”。

公司业务主要分两块：一是传统现场演艺（占比 49.71%，毛利率达 70.22%）；二是线上演艺（占比 41.23%，毛利率 50.00%）。2015

① 本节是笔者 2017 年采用“龟兔赛跑”法买入企业时研究所写。

年上半年通过定增收购秀场直播平台六间房。六间房作为互联网演艺平台，拥有超过 22 万名签约主播，其月活跃用户数已超过 4000 万人。

投资核心逻辑

（1）大行业、小公司，消费升级的受益者。2016 年，国务院先后印发《“十三五”国家战略性新兴产业发展规划》《关于印发“十三五”旅游业发展规划的通知》等十余项法规政策，密度可谓前所未有，表明政府对旅游、文化产业的扶持力度正在不断加大，公司发展具有良好的外部环境。

根据国家旅游局数据中心统计及测算，2017 年“五一”三天假期，我国共接待游客 1.34 亿人次，相当于全国总人口的 1/10，同比增长 14.4%。实现旅游总收入 791 亿元，同比增长 16.2%。国内游客人数和旅游花费仍然存有巨大潜力。宋城 2016 年营业收入仅 26 亿元，未来成长空间巨大，只要公司精心经营，三至五年内不存在发展瓶颈。宋城的成长是符合消费升级的大趋势的，也必将是消费升级的直接受益者。

（2）独特的竞争优势，写就宋城牛股基因。宋城归属于旅游业，却又完全不同于传统旅游业。宋城在旅游市场中一直以来就是一个独立的存在，因为它的每个项目都是一个完全独立的王国：宋城的每个项目都是在当地造一个“城”，把现代人带到古老的“宋”朝，充分满足人们的好奇心。其实这个“城”的概念在全国各地有很多，并不独特，大多以收取门票为主要盈利来源。宋城则反其道行之，你出 300 元左右购买“千古情”大戏，门票就是免费的；相反，如果你不看戏就进不了“城门”。

宋城的独特竞争优势也正在于此：以“宋城”聚人，以具本地特色的“千古情”演出取利。这个城基本可以满足游客驻足停留一整天时间，这是一个巨大的优势。“千古情”是反映本地独特人文的“好节目”，推荐理由充分，游客容易接受；旅游团行程非常好安排时间，返利又十分可观，利益驱动十分强劲。“千古情”能在市场中击败“印象”系列等经典，节目本身质量高只是一方面，更重要的是“宋城”这一独特的环境。专程去看“千古情”的人少，顺便看的居多。游客觉得“千古情”好的肯定感觉值，300 元看到了一场高质量的演出；觉得一般的也不会意见太大，因为人家可是“白送”了一个宋城的免费游玩。

宋城在各地的模式和管理几乎一致，这给异地复制提供了有力保障。但核心卖点“千古情”的内容却各不相同，使其具有独特性，自己能复制，别人却无法效仿，这是宋城的又一独特竞争优势。

宋城成功的另一个根本原因在于其选址：一定是全国甚至全世界有名的、人气十分旺盛的大景区；一定是离核心景区十分近，或者是在前往核心景区的路上。从某种意义上来说，宋城是寄生在核心景区的项目，一旦偏离这个原则，往往容易失败，宋城演艺终止的泰山和武夷山项目就是如此。宋城新项目前三年增长十分迅猛也是这个原因：核心景区的天量人气造就！三年过后趋于稳定主要原因是景区的总容量决定了不可能持续高增长。宋城要不断成长，只能在稳固现有业绩的前提下，不断通过异地复制扩充体量，增大业绩。

网上还有另一种比较集中的声音：看过的话不会再看第二次。换个角度来说，大家可能不会专程去看宋城“千古情”。其实这也算是宋城另一个独特的地方：宋城有如一个“围城”，第一次看是主动而充满期盼的，看过后虽然吸引力不再，但节目本身质量高，环境好，大家评价不错，消费又不高，作为优质的旅游点或节目选择项，之后多年中却可能难免要陪没有看过的家人或朋友看。这一点基本能保障“老的宋城”多年后虽然增长明显下滑，但业绩基本能保持稳定。

（3）异地成功复制，现场演艺未来业绩确定。公司拳头产品——“千古情”剧目行业领先，而且市场占比逐年提高。在国内票房收入排名前十的旅游演艺剧目中，公司的四大剧目均位居其中，尤其是《宋城千古情》和《三亚千古情》位居前两位。

旅游业与人们生活水平高低密切相关，与经济周期关联不大，具备弱周期的特征。宋城本来是重资产，但实际属于“变异的轻资产”：一是发展不用背负巨债，没有财务压力，宋城长期负债仅4亿元；二是投资见效快，资本回收周期短，新景区开业当年即可实现盈利，开始几年都是业绩暴增。这两个优势，使宋城具备了快速扩张的基础和极强的驱动力。

（4）轻资产管理输出成功，业绩增长第三极显现。2016年6月，宋城与宁乡炭河里文化主题公园签订合同，公司主要负责进行品牌授权、规划设计、剧目创作、互动体验项目设计、开业筹备等一揽子服务，并进行项目日常管理，获得项目设计费2.6亿元（2016年已经确认收益1.17亿元）以及每年项目可支配营业收入的20%作为管理费。项目于2017年7月2日正式开业，建设期仅1年，说明项目设计很成熟，推进快，具备很强的可复制性。

2017年5月26日中标“佛山听音湖”，轻资产输出再下一城，公司将收取相关服务费用2.6亿元；同年6月14日中标“宜春市明月山”，轻资产输出成功落地第三单，公司将收取相关服务费用2.7亿元。

三单的成功落实，代表着市场对宋城模式的认可。该模式有望成为公司继“千古情”项目后的新主业，为公司打开利润增长新空间。业绩增长第三极显现。

更为重要的是，轻资产模式从一次性受益，逐渐转变为多单分阶段稳定贡献的业绩；宋城不仅享受到了快速扩张的福利，也规避了重资产扩张的不足和一般项目可能失败的风险。

潜在的主要风险

（1）六间房的不确定性。六间房的争议特别大，即使当前业绩十分好（2016年业绩2.3亿元，承诺2018年达到3.57亿元），但市场普遍存在质疑，认为其存在巨大水分。作为一项占比41.23%的业务，需要足够的谨慎，因为一旦确认造假，对公司业绩的打击将是十分沉重的。不妨把六间房完全当作一个投资26亿元的独立项目看，持续观察，让时间证明。

（2）上海世博大舞台项目、澳大利亚传奇王国项目的不确定性。上海世博大舞台项目投入7亿元，回收期（含建设期）为8.33年，内部收益率为18.79%，2019年开业。项目的不确定性在于：它是公司第一个落地的城市演艺项目，成长土壤与宋城的其他项目截然不同，换个角度来说，上述宋城的独特竞争优势将不再突出，从某种意义上讲对节目本身的质量要求更高。万达的“汉秀表演”运营并不成功，宋城也存在类似的隐忧。

澳大利亚传奇王国项目总投资额为20.21亿元，回收期（含建设期）为9.67年，每年收益率18.38%，这是国际宋城战略的第一站，而且是大手笔，其规模与国内三个“新宋城”相当。它最大的不确定性在于国外建设、经营、管理环境都完全不同，而且由于投资太大，业绩波动也会比较明显。

（3）宋城老项目可持续发展的隐忧。宋城大本营，杭州宋城景区2015年实现营收6.56亿元，2016年实现营收6.42亿元，同比下降2.09%，官方解释主要因天气以及G20峰会的影响。虽有客观因素，但营收下降是事实。

定量分析

核心财务指标

表 6－3　宋城演艺核心财务指标统计

单位：元

时间	总净资产(股本)	净资产同比增长	净资产复利增长	总净利润	净利润同比增长	净利润复利增长	销售额	销售额同比增长	销售额复利增长	自由现金流	现金流复利增长
2016－12－31	6,404,173,785			902,305,172			2,644,228,902			1,030,251,692	
2015－12－31	5,602,580,884	14.31%	14.31%	630,560,934	43.10%	43.10%	1,694,513,980	56.05%	56.05%	915,321,127	12.56%
2014－12－31	3,444,422,515	62.66%	36.36%	361,183,250	74.58%	58.06%	935,119,130	81.21%	68.16%	528,002,593	39.69%
2013－12－31	3,136,607,569	9.81%	26.86%	308,423,862	17.11%	43.02%	678,715,862	37.78%	57.35%	429,346,661	33.88%
2012－12－31	2,887,084,158	8.64%	22.04%	256,545,866	20.22%	36.95%	586,157,063	15.79%	45.74%	395,550,931	27.04%
2011－12－31	2,704,458,292	6.75%	18.82%	222,218,570	15.45%	32.35%	504,532,175	16.18%	39.28%	294,952,117	28.42%
2010－12－31	2,532,639,722	6.78%	16.72%	163,337,929	36.05%	32.96%	444,756,662	13.44%	34.60%	250,359,906	26.59%
最低增长率		6.75%	14.31%		15.45%	32.35%		13.44%	34.60%		12.56%
最高增长率		62.66%	36.36%		74.58%	58.06%		81.21%	68.16%		39.69%
平均增长率		18.16%	22.52%		34.42%	41.07%		36.74%	50.19%		28.03%

由表6－3可见，宋城演艺上市以来，净利润、销售额复利增长速度均超过30%，更为难得的是净资产、自由现金流同步稳定持续增长，数据从某一角度说明宋城是在非常扎实地高质量稳定增长。

主要指标情况

表6－4 宋城演艺偿还能力统计 单位：元

时间	流动比率	速动比率	资产负债率	存货（净额）	存货/流动资产	应收账款净额	应收/流动资产
2016－12－31	3.06	3.05	13.29	4,680,536	0.25%	18,776,243	1.02%
2015－12－31	2.63	2.62	18.22	2,985,237	0.17%	15,893,180	0.91%
2014－12－31	3.26	3.26	8.54	1,847,490	0.18%	5,288,889	0.50%
2013－12－31	4.62	4.62	7.91	1,232,258	0.10%	4,407,431	0.35%
2012－12－31	6.37	6.37	8.33	1,293,299	0.09%	3,476,168	0.23%
2011－12－31	7.47	7.47	11.08	476,771	0.02%	5,312,997	0.27%
2010－12－31	11.30	11.30	14.85	532,234	0.02%	1,661,548	0.07%

由表6－4可见，宋城演艺的流动、速动比呈现良性，资产负债率极低（实际上真实的长期债务仅4亿元），存货与应收几乎可以忽略不计。

表6－5 宋城演艺现金流统计 单位：元

时间	总净利润（A）	经营现金流净值（B）	购建固定资产、无形资产和其他长期资产支付的现金（C）	真实现金流（D）（B－C）	现金流与利润差（A－D）	固定投入占净利润的比重（C/A）
2016－12－31	887,853,280	1,030,251,692	698,387,358	331,864,335	555,988,945	0.79
2015－12－31	625,680,066	915,321,127	241,765,903	673,555,224	(47,875,158)	0.39
2014－12－31	354,666,640	528,002,593	464,037,385	63,965,209	290,701,432	1.31
2013－12－31	297,767,197	429,346,661	603,746,855	(174,400,194)	472,167,392	2.03
2012－12－31	255,445,515	395,550,931	503,625,399	(108,074,469)	363,519,984	1.97
2011－12－31	222,218,570	294,952,117	655,039,660	(360,087,543)	582,306,113	2.95
2010－12－31	163,337,929	250,359,906	46,610,120	203,749,786	(40,411,857)	0.29

由表6－5可见，现金流十分健康，固定资产投资也在可控范围之内。

"三费"情况

表 6－6　宋城演艺"三费"统计

单位：元

时间	营业收入	销售费用	管理费用	财务费用	归属于母公司所有者的净利润	财务费用占净利润比重	管理费用/营业收入	销售费用/营业收入
2016－12－31	2,644,228,902	276,605,414	169,132,938	13,425,510	887,853,280	1.51%	6.40%	10.46%
2015－12－31	1,694,513,980	106,520,270	132,056,263	1,195,019	625,680,066	0.19%	7.79%	6.29%
2014－12－31	935,119,130	36,585,795	103,069,855	－12,482,381	354,666,640	－3.52%	11.02%	3.91%
2013－12－31	678,715,862	23,602,001	75,966,542	－15,009,310	297,767,197	－5.04%	11.19%	3.48%
2012－12－31	586,157,063	37,941,259	62,448,206	－13,148,063	255,445,515	－5.15%	10.65%	6.47%
2011－12－31	504,532,175	41,864,608	49,950,592	－13,165,264	222,218,570	－5.92%	9.90%	8.30%
2010－12－31	444,756,662	30,368,526	40,611,513	23,890,594	163,337,929	14.63%	9.13%	6.83%

由表 6－6 可见，销售费用相对营收占比 2015、2016 年明显增长，主要原因是六间房并表，其实际费用是十分稳定的；管理费用相对营收占比逐年递减，说明管理支出比较稳定，随着营收的增长，占比反而变小；财务费用相对净利润占比逐年升高，但占比十分少，影响极小。整体来说，宋城的“三费”表现良性。

经营主要指标及回报率

表 6－7　宋城演艺毛利率、净利率与周转情况

时间	毛利率	净利率	存货周转率	周转天数
2016－12－31	61.65%	34.12%	1.36	264.61
2015－12－31	65.65%	37.21%	1.49	240.88
2014－12－31	67.18%	38.62%	1.81	199.29
2013－12－31	70.81%	45.44%	2.29	156.90
2012－12－31	69.65%	43.77%	1.79	200.98
2011－12－31	75.17%	44.04%	1.45	248.33
2010－12－31	76.28%	36.73%	1.57	228.66

由表 6－7 可见，毛利率和净利率都非常高，但近年有逐年下滑的趋势，主要也是六间房并表所致。只要今后能稳定，不进一步下滑，就是正常现象。周转率波动在合理范围内。

表 6－8　宋城演艺盈利能力情况统计

时间	主营业务收入增长率	净利润增长率	净资产增长率	净资产报酬率	总资产报酬率
2016－12－31	56.05%	43.10%	14.83%	14.70%	12.40%
2015－12－31	81.21%	74.58%	62.59%	13.69%	11.65%
2014－12－31	37.78%	17.11%	10.43%	10.79%	9.90%
2013－12－31	15.79%	20.22%	8.52%	10.09%	9.27%
2012－12－31	16.18%	15.45%	8.43%	9.10%	8.22%
2011－12－31	13.44%	36.05%	20.00%	8.49%	7.39%

续表

时间	主营业务收入增长率	净利润增长率	净资产增长率	净资产报酬率	总资产报酬率
2010－12－31	62.74%	87.76%	0.00%	11.67%	8.87%

由表6－8所示，主营收入增长率逐步抬升，净利润和净资产增长率也十分健康，最大的亮点是净资产不断增长的情况下，净资产报酬率与总资产报酬率也实现了稳步增长。

定量分析总结：企业持续高质量增长、现金流十分健康、财务无压力、管理稳健；总资产不断增长，同时净资产报酬率仍实现了逐步抬升。从财务定量角度来看，宋城演艺无疑是一位优秀的“好学生”。

技术分析

这里要再次重申笔者的观点：没有基本面支撑的技术只是时灵时不灵的问签求神，因为失去基本面估值的锚，市场下跌中无法拥有买入的勇气和决心。技术面最大的作用是在基本面锚定的前提下，寻找好的买点和卖点。

月线分析

根据笔者多年的实践经验，KDJ在长期技术分析，尤其是对中长期的判断作用还是比较明显的。宋城上市以来，月K线KDJ在20左右的金叉情况只有三次，但第二次其实是第一次底部抬升后的确认，所以可以算作一次，本次金叉可看作底部区域的一个信号。当然，底的形成是一个漫长的过程，而且MACD尚未金叉，我们可以慢慢观察，分批买入。

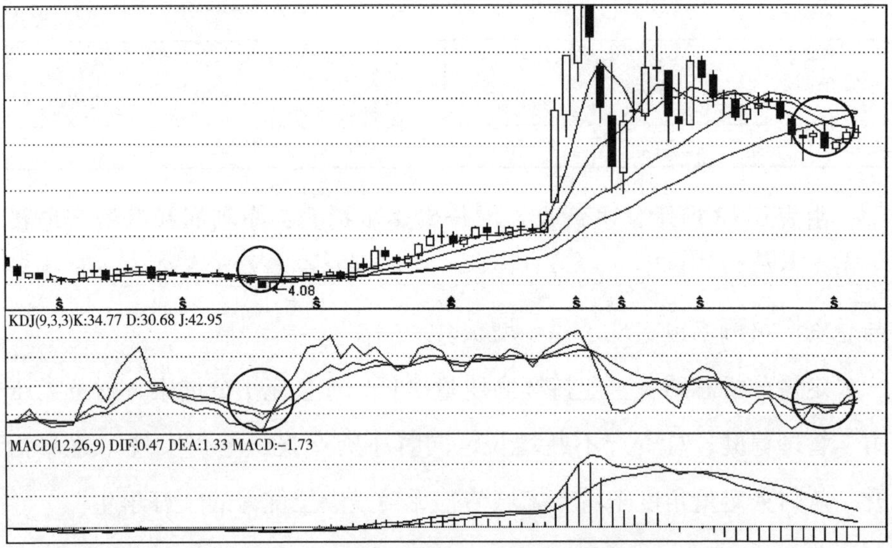

图 6-1 宋城演艺月 K 线

周线分析

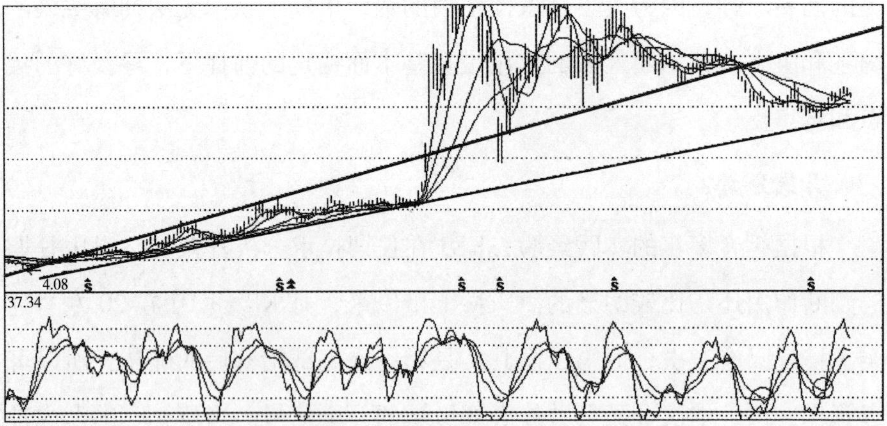

图 6-2 宋城演艺周 K 线

周线有两个看点：一是周线 KDJ 与股价走势形成了背离；二是股价逼近长期支撑线，明显远离长期压力线，给反弹提供了空间。经过两年的时间，牛市的泡沫挤压基本完成，股价回归正常运行空间；业绩的证实也支持逐步抬高的底部。

日线分析

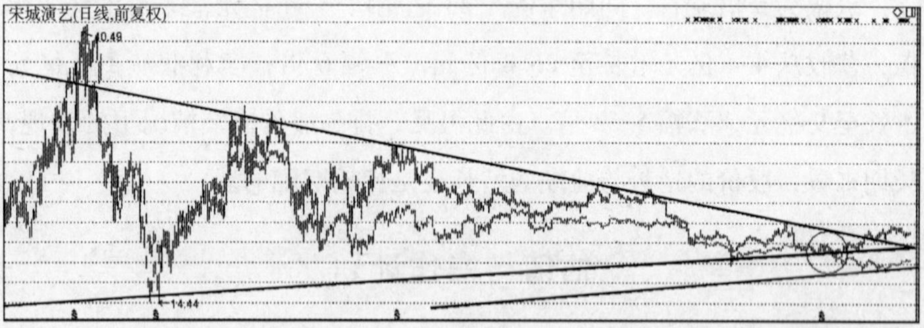

图6-3　宋城演艺日K线

宋城叠加创业板日线图，明显可以看出牛熊期间二者高度吻合。但5月以来，宋城与创业板走势明显分道扬镳（圆圈处），不仅没有随创业板走出股灾新低，而且股价走平逐渐向上。从趋势线也可以明显看出，现阶段的时点也是下跌趋势结束和长期支撑点的交汇点，方向的选择意义重大。

股价涨幅与业绩增幅对比

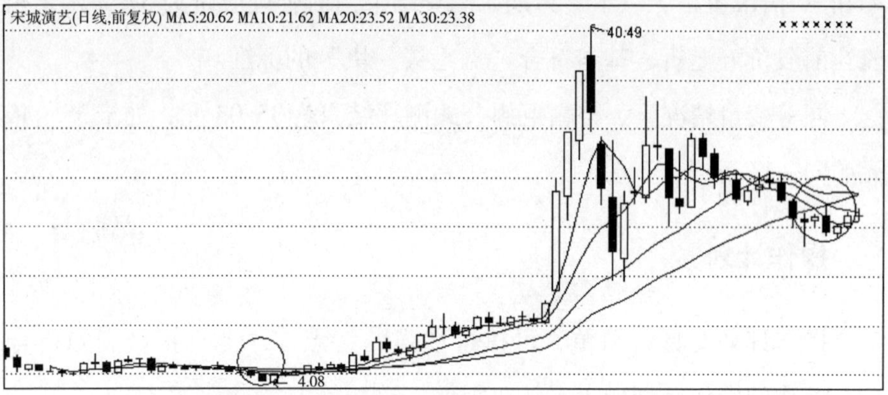

图6-4　宋城演艺总K线

从宋城上市以来年股价走势月线可以看出，历史最低价4.08元至牛市最高点40.49元，涨幅达10倍，经过两年股灾的洗礼，当前价21元，涨幅为5倍左右。同期净资产25亿元增至64亿元，涨幅2.56～10倍；营收从4.4亿元增长至26.4亿元，涨幅6倍；净利润从1.6亿元增长至9亿元，涨幅5.62倍。由此可见，排除股价极端情况下的表现，长期来看，股价的走势与业绩的增长还是比较匹配的。

估值与操作计划

估值

表6-9 宋城演艺估值

单位：元

2017-06-20	每股收益	0.62	采用市盈率	30	股本	1,453,000,000	采用增长率	24%
十年测算股价	148.8	对应十年测算股价市值				216,206,400,000	当前股价	21.15
当前测算股价	37.2	对应当前测算股价市值				54,051,600,000	折扣率	57%

定性定量分析结合，综合各方面要素，计划采取24%的预期增长率和30倍市盈率，以十年为期，测算结果当前合理股价为37.2元，相较当前股价五七折，基本符合“五毛买一块”的标准。

同等变量情况下，格雷厄姆公式测算结果为35.03元，处于35～40元的同一区间。

操作计划

操作计划要具备简单、可执行性强的特点，才能真正做到知行合一。笔者的操作计划如表6-10所示。

表 6-10　宋城演艺操作计划

买入	股本	1,453,000,000（股）	股价（元）	21	对应市值（元）	30,513,000,000	好对象，一般时机
				19		27,607,000,000	好对象，好时机
				15		21,795,000,000	好对象，极好时机
卖出				35		50,855,000,000	收回本金，利润长期持有

总结：宋城演艺符合“用合理的价格买入优秀的企业”的标准。

低调“不染尘”的稳成长“现金牛”：瀚蓝环境[①]

定性研究

公司基本情况

公司成立于1992年，2000年上市，原名南海发展。公司定位于“综合环境服务领跑者”，致力成为“领先的生态环境服务商”，业务主要包括水务（供水、污水处理）、固废处理（生活垃圾转运、焚烧发电、危废处理等）、燃气供应三大板块，已经形成完整的环境服务产业链。

公司控股股东为佛山市南海供水集团有限公司，持有公司17.98%的股份，实际控制人为佛山市南海区公有资产管理办公室；通过南海控股投资、城建投等合计持有公司36.68%的股份，属于国企。

董事长林耀棠2012年6月任南海区公有资产管理办公室副主任，2014年1月开始任董事长至今，2017年6月平稳换届后，主要管理人

① 本节是笔者2018年采用“龟兔赛跑”法买入企业时研究所写。

员本届任期到 2020 年。

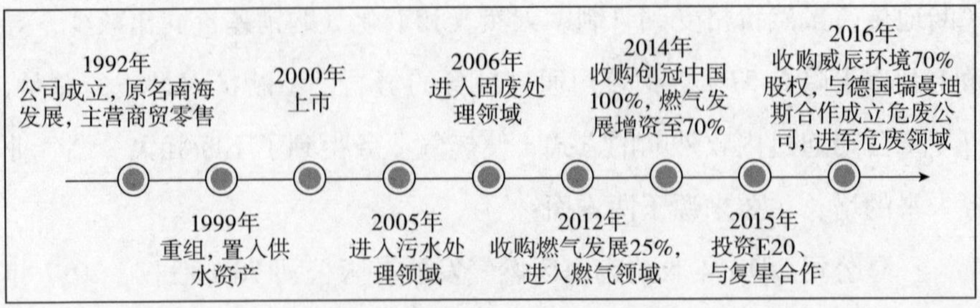

图 6－5　瀚蓝环境公司历史沿革

资料来源：公司公告、平安证券研究所。

传统业务稳中有升，助力公司大步向前

瀚蓝环境作为区域垄断的传统公用事业企业，国资背景使公司与地方政府合作紧密，占据绝对的地域优势。地域垄断的特性使公司能够立于不败之地，轻松稳定地长期赚钱；燃气和水务业务特性保障了企业现金流十分健康充沛，这几年的经营现金流都在 10 亿元以上，2017 年更是达到 15 亿元，在传统业务稳中有升的推动下，为企业在固废业务的蓝海中快速发展打下了坚实的基础。

燃气业务

天然气销量达 4.32 亿立方米，液化气销量达 2.43 万吨，2017 年度燃气业务实现营收 14.14 亿元，同比增长 21.57%，占公司营业收入的 36%。

根据国务院办公厅印发的《能源发展战略行动计划（2014—2020）》，“十三五”期间我国一次能源消费中煤炭的比例要显著下降，天然气的比例将从 2015 年的 5.9% 提高到 2020 年的 10%，行业发展空间仍然较大。根据《佛山市能源中长期规划（2010—2020）》，预计到 2020 年全市天然气消费总量目标为 30 亿立方米，较目前有近 3 倍的增长空间。

公司是佛山市南海区唯一管道燃气供应商，公司燃气业务在南海区处于垄断地位。虽然价格受到管制，天然气和液化气购销差价同比减少，导致毛利率下降6.57%，但公司通过自身的努力，不断扩大燃气的总量，近年来公司通过内收外购的方式，使燃气业务得到了不断壮大。燃气业务未来的增长主要来源于两方面：

一是公司2014年收购南海区燃气发展有限公司70%股权，2017年12月19日又通过公开竞拍的方式，以人民币43771.76万元购得另外30%股权，使燃气发展成为公司全资子公司，此举有望增厚上市公司4000万元利润。

二是2017年1月，公司以现金1.45亿元收购江西瀚蓝能源70%股权，燃气业务区域外拓实现零的突破。瀚蓝能源拥有江西省樟树市CNG加气母站1座，获得樟树市11个镇街的燃气特许经营。未来有望并购更多类似燃气业务，使公司进一步得到外延式发展。

水务业务

2017年公司售水量同比增长0.88%至4.39亿立方米，受益于售水量增长，供水业务实现营收8.98亿元，同比增长4.33%；公司污水业务实现营收1.88亿元，同比增长17.85%，两项合计占公司营业收入的26%左右。

经过近两年的收购布局，公司已基本完成了佛山市南海区供水业务整合和污水处理业务整合，业务范围覆盖整个南海区。截至2017年末，公司自来水供应产能和污水处理产能分别达136万立方米/日和59.3万立方米/日。未来水务业务的增长主要来源于三块。

一是第二水厂四期工程在建产能分别为25万立方米/日和2万立方米/日，均预期在2018年8月投产，供水量产能将提高20%。此外，公司目前有40万吨产能正在提标改造中，完成后有望进一步提升盈利空间。

二是供水模式从批发为主转变为零售到户，受益于水价上涨，业绩将提升。长期来看，水价上调势在必行，届时公司供水业务盈利能力将得到快速增长。

三是 2017 年 11 月，公司通过下属全资子公司瀚蓝污水对蓝湾公司进行增资，增资后持有蓝湾公司 90% 股权。蓝湾公司负责南海区里水河流域治理项目建设及运营管理，项目投资规模约 21.5 亿元，通过本次增资扩股并投资里水河流域治理项目，公司将进入水环境治理领域，为公司创造新的利润增长点。

固废业务快速成长，有望再造一个新瀚蓝

固废板块有望成为环保产业发展最快的子行业之一。公司固废业务 2017 年营收达 34%，毛利率维持在 40% 高位，但固废业务量仅为 14 亿元，未来成长空间巨大。

（1）大行业中的小公司。党的十九大报告提出，要推动绿色发展，环保投资市场正在加速开启。近年国家相继出台了《“十三五”全国城镇生活垃圾无害化处理设施建设规划》《“十三五”全国城镇污水处理及再生利用设施建设规划》《生活垃圾分类制度实施方案》《关于加快推进畜禽养殖废弃物资源化利用的意见》等政策性文件。

到 2020 年底，具备条件的直辖市、计划单列市和省会城市（建成区）实现原生垃圾“零填埋”，设市城市生活垃圾焚烧处理能力占无害化处理总能力的 50% 以上，其中东部地区达到 60% 以上。2016 年 12 月，国家发改委、住建部提出到 2020 年底，全国城镇生活垃圾处理能力达到 104.08 万吨/日，生活垃圾焚烧处理能力占总处理能力的 50% 以上。按每吨投资 50 万元计算，焚烧发电约有 1450 亿元的投资空间。

新环保法出台后，危废违规处理要入刑法。随着危废管控体系的完善和付费机制进一步规范，危废处理市场“黄金时代”已经到来。预计2020年危废产量将提高到7620万吨，按照危废平均处置价格2200元/吨估算，2020年我国危废行业产值将达1676亿元。2015年危险废物实际处理规模仅1536万吨，与7620万吨的危废产生量相比存在极大差距。

瑞曼迪斯集团是德国最大、全球领先的环境服务企业之一，在全球35个国家和地区运营500多座环境保护设施，业务涵盖污水处理，市政垃圾、工业垃圾处理，危险废弃物等领域。瑞曼迪斯在废弃物处理领域，尤其是危险废弃物处理、处置领域拥有世界先进的技术和管理经验。瀚蓝环境与瑞曼迪斯于2016年成立合资公司，瀚蓝环境控股51%，为企业在危废处理领域布局打下了很好的基础。

随着经济快速发展和城市人口不断增长，垃圾围城已成为当下社会的一大痛点。垃圾焚烧发电以其处理量大、处理速度快、能源利用广等优势，被认为是目前实现垃圾无害化、减量化、资源化“三化”的有效方式。餐厨处理行业正在加速发展。《餐厨废弃物资源化利用和无害化处理试点城市中期评估及终期验收管理办法》将极大地推动行业的发展，技术可靠、项目运行稳定的餐厨垃圾处理企业将进一步成长，或将成为行业龙头。国家住建部发文，鼓励采用大固废全产业链式的综合产业园模式，固废园区化处理或将成为国家和地方主推模式，未来垃圾焚烧市场将进一步迈上规范发展的新台阶。

公司是固废处理领域少有的拥有全产业链的企业，业务覆盖全国8个省23个城市，是蓝色焚烧的倡导者及杰出代表，在业界拥有良好的口碑。2017年“瀚蓝模式”继续异地复制。危废处理无缝接入南海固废处理环保产业园，农业垃圾处理取得突破，产业链继续拓展，公司

“大固废”业务格局逐渐形成。

（2）独特的竞争优势。首先，瀚蓝环境在固废领域纵横一体化优势明显。首先，公司已形成生活垃圾转运、焚烧发电、卫生填埋、渗滤液处理、飞灰处理、炉渣处理等完整的生活垃圾处理纵向一体化优势；同时具备在生活垃圾处理、餐厨垃圾处理、污泥处理、粪便处理、危废处理等领域的横向协同一体化优势，已经具备提供固废处理全产业链综合服务能力。其次，南海固废处理环保产业园模式先进。“瀚蓝模式、南海经验”在业内享有盛誉。国内唯一已建成并成功运营的具有完整固废处理产业链的固废处理环保产业园，被称为破解垃圾围城的“瀚蓝模式”，获得业内和官方的高度认可。对此，原环保部直属媒体曾专门进行深度专题报道。南海模式代表了目前我国十分高效的城镇固体废物处理水平，真正达到了能源节约，循环利用，高协同效应的目标。

（3）“瀚蓝模式”异地成功复制。2017 年 4 月，继之前把“瀚蓝模式”成功复制到广东顺德之后，公司再次成功中标广东省开平市固废综合处理中心一期一阶段 PPP 项目，实现“瀚蓝模式”的第二次复制，体现了瀚蓝环境固废处理环保产业园的优势和市场认可。鉴于固废园区化处理或将成为国家和地方主推模式，“瀚蓝模式”未来在广东省内甚至全国范围内更多固废产业园项目落地可期，成长空间巨大，未来业绩或超预期。

（4）地域垄断形成了高黏性的客户，几乎没有客户流失的风险，而且业务不受经济周期影响。

（5）较好的 RNG。净资产收益率基本能保持稳定，水价上调与燃气价格下调互相抵消，固废稳中有升。总体来说，RNG 比较稳定，但也没有明显溢价，当然也不需要折价。

优秀的管理层与企业文化

翰蓝虽然是国企，但本身没有常见的国企病。从现有情况分析，可以初步判断翰蓝拥有稳健的管理层、出众的管理制度和出色的企业文化，而且管理层已经平稳换届，至少能稳定延续至2020年。

公司其他几个看点

（1）2018—2020年的增长有保障。公司在回答投资者的提问中说道：预计在2018年建成项目主要有：大连项目（1000吨/日）2018年初投产；顺德项目（3000吨/日）预计在2018年6月底建成；廊坊二期扩建项目（500吨/日）预计在2018年底前建成；哈尔滨餐厨垃圾处理项目（300吨/日）预计在2018年6月底建成；南海区16家污水处理厂提标扩建项目预计在2018年6月底完成。2018年筹建或在建的项目主要有：南海三厂项目（1500吨/日）；开平项目（600吨/日）；福建漳州项目（1000吨/日）；广东饶平项目（600吨/日）；创冠晋江提标改建项目（500吨/日）；创冠安溪改扩建项目（750吨/日）；大庆餐厨垃圾处理项目（150吨/日）；牡丹江餐厨垃圾处理项目（100吨/日）；南海第二水厂四期扩建项目（25万吨/日）。

（2）公司水务发展资金有保障。2018年3月19日，原桂城水厂土地竞拍成交价为49.80609亿元。根据南海区人民政府关于“佛山市南海区人民政府关于签订《桂城水厂整体迁移协议书》补充协议的批复”，上述竞拍款项扣除有关税费和上缴“三金”后的可支配收入，由南海区人民政府全额支付桂城水厂整体迁移应补偿款后，剩余部分50%的款项，将以政府补贴形式支付给公司，指定用于公司供水设施的建设。

（3）危废业务将大幅增长。南海危废项目9.3万吨/年，包括3万吨焚烧，3万吨物化，3.3万吨工业污泥，5000吨收转运。该项目投运后，公司固废板块利润将得到较大幅度增厚。此外，在农业危废方面，公司收购驼王生物60%股权，布局病死畜禽处理领域。

（4）混改值得期待。首先，虽然瀚蓝的行政隶属级别低，但它是佛山南海区8家上市企业中唯一一家国有控股企业，如果要做国资企业改革，那么瀚蓝环境是南海区唯一的选择。其次，2016年4月，南海区换帅，之前在省金融办，并下派到佛山进行交流的黄志豪接替梁维东（调任东莞任市长）任南海区书记。黄志豪在佛山工作期间，在“推进实施珠三角规划实施纲要，组织推动重点项目建设，筹建首届中国广东国际互联网+博览会，组织创建首个互联网+众创金融示范区，推动粤桂黔高铁经济带发展等工作中，取得了较好成绩”。从黄志豪的履历中可以看出这位“70后”官员基层经验丰富，创新手法多样，作风务实，主导或参与了多个全国第一的项目。而且在来佛山之前，他曾在广东发展银行东莞分行工作长达12年，从分行行长调任后，曾担任省金融办副主任一职。一个年轻的官员，加上丰富的金融业务背景，以及身处佛山南海区这么一个历来敢闯敢拼、积极实施国家相关政策的区域，瀚蓝环境未来进行混改的环境将是十分优越的。

存在的主要风险

（1）管理层与股东利益没有绑定，做大做强动能不足，存在管理层损害股东利益的潜在风险。随着未来公司资产规模和经营规模的扩大，公司经营决策、组织管理、风险控制的难度增加，公司面临组织模式、管理制度、管理人员的能力不能适应公司快速发展的风险。

作为国企，核心管理人员由政府委派。公司主要管理人员持股量都在十万股以下，而且绝大多数股份都是分红送股而来。因为自己没有实际利益在企业，做大做强的动能会有不足，容易过于求稳，容易出现“宁可不干事也要保证不出事”的思想。

（2）创冠的减持与退出。2014年通过收购创冠中国，将业务布局从佛山市南海区拓展至全国范围。2018年1月16晚间公告，持股9.92%的公司股东创冠香港计划于未来6个月内减持不超过7601.45万股，不超过公司总股本的9.92%。解禁期刚到就清仓式减持，市场对此反应强烈，股价大幅下跌。

2018年4月18日，创冠香港拟协议转让其持有瀚蓝环境6601.45万股给国投电力。本次协议转让8.615%股份过户后，创冠香港减持计划将全部实施完毕。此前，市场存在创冠香港在二级市场大幅抛售股票风险。

创冠最初虽然是战略投资者，但实际上从2014年开始就对持股进行了质押，且一直持续到解禁，解禁期一到便开始大幅甩卖。由此可以推测，创冠香港的财务状况紧张，清仓退出的根本原因是回笼现金，缓解其财务压力，并非担忧瀚蓝环境业务前景。目前风险已基本清除，本次转让将引入国投电力作为公司第三大股东。国投电力利润来源稳定、业绩质量较高、现金流充裕，更可能成为瀚蓝环境的长期持有者。

（3）增值税即征即退政策面临行政处罚导致企业受损。根据财政部、国家税务总局《关于享受资源综合利用增值税优惠政策的纳税人执行污染物排放标准有关问题的通知》（财税〔2013〕23号），企业因违反税收、环境保护的法律法规受到处罚（警告或单次1万元以下罚款除外）的，自处罚决定下达的次月起36个月内，不得享受本通知规定的增值税即征即退政策。

公司下属的全资子公司创冠环保（晋江）有限公司、创冠环保（安溪）有限公司、创冠环保（惠安）有限公司因2012年至2014年间存在环保处罚事项，2016 年分别收到福建省税务部门的“税务事项通知书”，要求上述公司缴纳 2012 年至 2015 年的增值税及滞纳金 115400865.06 元，截至 2017 年 12 月 31 日，项目公司实际支付税务部门 90503504.86 元。根据公司与创冠环保（香港）有限公司于 2014 年 1 月 29 日签订的《瀚蓝环境股份有限公司与创冠环保（香港）有限公司发行股份及支付现金购买资产协议》第十五条约定，上述税款及滞纳金由创冠环保（香港）有限公司承担。

截至 2017 年 12 月 31 日，创冠环保（晋江）有限公司、创冠环保（安溪）有限公司、创冠环保（惠安）有限公司合计已收到创冠环保（香港）有限公司支付的上述增值税款及滞纳金 67706986.60 元。截至 2017 年 12 月 31 日，公司已累计支付创冠环保（香港）股权转让款 16.5 亿元，其中：发行股份支付 7.5 亿元，支付现金对价 9 亿元，剩余 2 亿元待达到相关付款条件时再予支付。这个因素必然影响企业长远发展，需要密切关注。

（4）安全生产管理风险。公司从事的业务，特别是燃气业务和固废业务，是安全生产风险高危领域，万一发生安全事故，对公司将造成重大影响。

定量分析

核心财务指标

2011 年以来，公司净利润复利增长速度均超过 27%，营收近三年增速放缓，但比净资产增速略高，净资产回报率非常稳定，2017 年有明显提高，自由现金流同步稳定持续增长，几个核心数据说明瀚蓝环境是在非常扎实地高质量稳定增长。负债尤其是长期负债偏高，但这与企业类型有关：重资产，而且是前期投入大，后期稳获现金流，所以负债问题影响不大。（见表 6－11）

表 6－11　瀚蓝环境核心财务指标统计

单位：元

时间	总净资产（股本）	净资产同比增长	净资产复利增长	总净利润	净利润同比增长	净利润复利增长	销售额	销售额同比增长	销售额复利增长	自由现金流	现金流复利增长	净资产回报率
2017－12－31	5,324,683,874			652,236,337			4,202,080,685			1,508,920,684		11.21%
2016－12－31	4,824,246,039	10.37%	10.37%	508,567,480	28.25%	28.25%	3,690,344,577	13.87%	13.87%	1,178,532,283	28.03%	9.73%
2015－12－31	4,394,401,180	9.78%	10.08%	402,901,797	26.23%	27.23%	3,356,967,216	9.93%	11.88%	1,262,658,087	9.32%	9.37%
2014－12－31	3,329,055,932	32.00%	16.95%	308,712,043	30.51%	28.32%	2,435,295,906	37.85%	19.94%	829,204,496	22.09%	9.91%
2013－12－31	2,442,593,560	36.29%	21.51%	233,878,128	32.00%	29.23%	1,001,449,410	143.18%	43.12%	496,558,336	32.03%	9.77%
2012－12－31	2,266,639,721	7.76%	18.63%	190,257,085	22.93%	27.94%	885,267,958	13.12%	36.56%	497,240,327	24.86%	9.29%
2011－12－31	1,621,296,393	39.80%	21.92%	150,080,266	26.77%	27.75%	747,698,082	18.40%	33.34%	204,460,676	39.53%	8.74%

“三费” 与营收占比及应收、存货

表6-12　瀚蓝环境“三费”占比统计

时间	财务费用占净利润比重	管理费用/营业收入	销售费用/营业收入	应收账款/营业收入	存货/营业收入
2017-12-31	4.26%	6.99%	1.66%	8.09%	4.39%
2016-12-31	5.60%	7.18%	1.93%	7.10%	6.04%
2015-12-31	7.33%	6.49%	2.23%	7.21%	4.13%
2014-12-31	3.90%	4.93%	2.94%	8.76%	3.98%
2013-12-31	8.63%	7.22%	0.00%	7.96%	5.20%
2012-12-31	11.11%	6.18%	0.00%	5.56%	2.78%
2011-12-31	8.48%	7.34%	0.00%	9.68%	2.63%

由表6-12可见，企业财务费用有所下降；管理费用基本保持稳定；销售费用保持稳定，但随着业务的扩展占比逐渐减小；应收和存货占比总体保持稳定。

毛、净利率与资产流动率

表6-13　瀚蓝环境毛、净利率情况统计

时间	流动比率	速动比率	销售毛利率	销售净利率	资产负债率
2017-12-31	0.71	0.65	31.63%	15.52%	56.79%
2016-12-31	0.59	0.52	32.39%	13.78%	58.26%
2015-12-31	0.60	0.56	31.48%	12.00%	60.24%
2014-12-31	0.43	0.40	31.11%	12.68%	66.41%
2013-12-31	0.69	0.65	38.50%	23.35%	54.25%
2012-12-31	1.21	1.17	40.65%	21.49%	50.34%
2011-12-31	1.71	1.67	42.24%	20.07%	54.08%

由表6-13可见，虽然企业流动比率和速动比率在2017年有明显提高，但整体来说还是符合重资产企业流、速动比低的特征。毛利率有所下降，但近三年保持稳定，主要还是因为企业近几年增加了燃气和固废业务。目前企业主营业务已经稳定，只要毛、净利率不再下滑就是正

常状态。负债率整体保持稳健，随着企业的并购有波动。

定量分析总结：企业持续高质量增长、现金流十分健康、财务压力不大、管理稳健；总资产不断增长，同时净资产报酬率仍实现了逐步抬升。从财务定量角度来看，瀚蓝环境无疑是一位中规中矩的“好学生”。

技术分析

月线分析

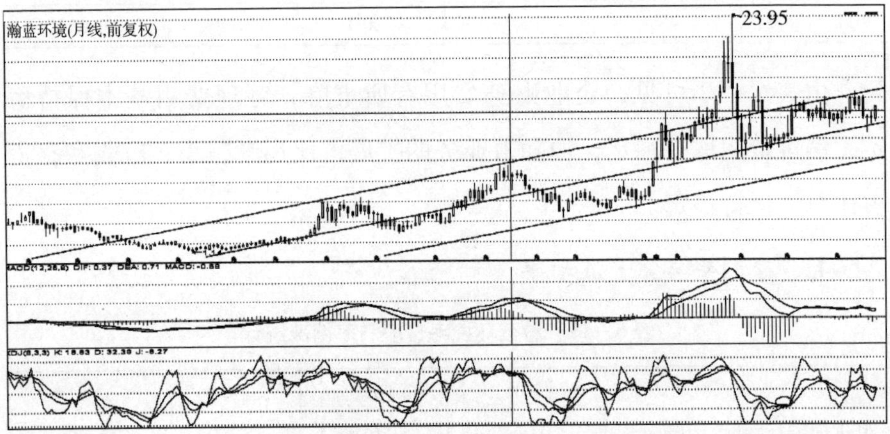

图6-6 瀚蓝环境月K线

瀚蓝环境自上市以来，月K线KDJ在20以下的金叉情况只有四次。第一次间隔时间太久且是上市初期不参考，另外三次对应的时间依次是2008年12月、2012年2月和2016年6月，是三次市场大底部的时间段。因为瀚蓝环境归属公共事业板块，估值相对波动小，对市场反应不太敏感，基本与市场整体的估值同步，所以这种长期规律是非常有参考和借鉴意义的。长周期视角下MACD滞后明显，很难参考，但股价是否长期处于零轴以上还是有意义的，因为至少证明长期来说，股价是稳定上升的状态。由图 6－6 可以明显看出，瀚蓝环境就是如此。股价月线的柱状图一直是沿估值中线上下波动，2014 年开始，即使经历股灾，股价也一直沿上轨运行（2015 年牛市极端走势除外），根本原因是公司收购固废优势企业创冠后，估值发生了根本性变化，从纯正的公共事业股变为有公共事业保底，有环保固废发展空间的弱成长股。可以预见，未来如果环保固废业务能够得到长足发展，营收和净利润率得到进一步上升的时候，企业估值将有机会得到进一步提升。

周线分析

图 6－7 瀚蓝环境周 K 线

由图 6－7 可以明显看出，企业周线明显远离长期压力线，经过两年的时间，牛市的泡沫挤压基本完成，股价回归正常运行空间。业绩的增长也支持逐步抬高的底部，股价从股灾中的 11 元上升至 13. 5 元以上，基本与企业年业绩 10% ～20% 的增长同步。股价本来一直稳定运行于 13. 5 元以上，但 2018 年 1 月因为创冠清仓式减持公告，把股价打压至 12. 5 元的非正常状态（其实市场的非理性反而是长期投资者的买入良机）。随着4月份创冠一次性协议转让股份给国投电力，利空解除（本人介入时点），股价重回13.5元以上；4月28日，超出市场预期的一季报彻底清除创冠清仓式减持带来的负面影响，股价重回上升通道。从技术角度来说，此次向上跳空大涨也补上了创冠宣布清仓式减持当天向下跳空大跌的缺口，技术动能得到恢复。目前，企业基本面和技术面得到了有力的共振，股价未来有望稳步上升。

日线分析

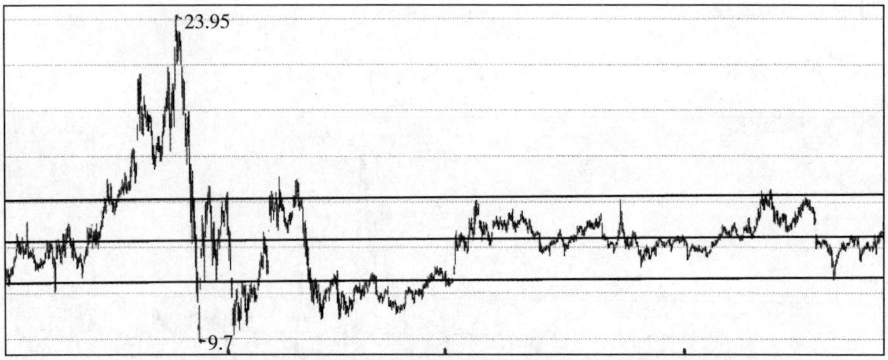

图6－8 瀚蓝环境日K线

月线和周线已经分析明确的情况下，日线只是投资者具体买入时点的个人选择罢了。就目前来说，如果股价有效突破15元而后回踩13.5元强支撑，将是非常理想的买点。

估值与操作计划

估值

结合定性、定量、技术面分析等，笔者计划采用17%的预期增长率和23倍的市盈率（多年历史平均市盈率），以十年为期，测算结果显示当前合理股价为20元，相较当前股价七五折。

同等变量情况下，格雷厄姆公式测算结果为 36 元，相较当前股价仅四二折。

两种方式下测算结果差异较大，结合股价历史最高点为 24 元，保守起见，确认企业合理估值为 20～24 元。如企业实际增长率超过 20%，则估值上调至 36 元。当前市场完全按照公共事业股对瀚蓝环境估值，是存在偏见的，瀚蓝环境在固废领域的成长是值得期待的。从某种意义上可以说，瀚蓝环境拥有公共事业股的稳健业务和充沛现金流，同时拥有环保股的高成长却没有环保行业普遍存在的现金流紧张困境，是保守投资者眼中“进可攻、退好守”的理想目标！

操作计划

表 6－14　瀚蓝环境操作计划

	批次	价格（元）	对应市值（亿元）	时机
买入	1	15	115	好对象，一般时机
	2	13.5	103	好对象，好时机
	3	11	84	好对象，极好时机
卖出	1	24	184	回收本金，利润长期持有
	2	36	276	视情况决定是否获利了结

总结：瀚蓝环境符合“用低估的价格买入基本面扎实的靠谱企业”的标准。

低调稳健的“小白马”：济川药业[①]

定性分析

投资缘起“蒲地蓝”

彼得·林奇说过：寻找10倍股最佳的地方，就是从你家附近开始，到大型购物中心去寻找，特别是到工作的地方去寻找。生活中，我们接触的优秀产品的背后，可能就潜伏着一个优秀的企业。如果能做一个有心人，也许就能发现并抓住这样的好机会，成就一桩好投资。

笔者与济川药业的结缘就是如此。

关注济川药业，缘于自己对孩子的关爱。儿女尚幼，经常生病，因为感冒发烧，没少跑医院。每次到医院，医生基本都会开“蒲地蓝消炎口服液”，而且很多医院都如此。询问同事、朋友，大家都说，自己小孩感冒进医院，医生都开“蒲地蓝”。

出于投资的经验，笔者对“蒲地蓝”这种药品产生了强烈的探寻

① 本节是按照彼得·林奇所述，普通人发现身边的好公司、好股票的投资思路，采用“龟兔赛跑”法，2016年初买入，2018年持续跟踪企业的研究材料。

兴趣。

针对小儿感冒，家长更愿意采用温和的手段治疗，因此，性温、刺激少的中成药更受家长青睐。济川药业的主力产品蒲地蓝消炎口服液，对普通感冒、流感、咽炎、扁桃体炎等具有良好的功效，临床评价显示，对适应症治疗有效率达 90% 以上。

经过对“蒲地蓝”和济川药业的深入了解，笔者发现不仅药好，企业也非常优秀，而且估值还一直不高，是个投资的好标的。2016 年初开始与济川药业结缘。

公司基本情况

济川药业成立于 1997 年，2013 年借壳上市，覆盖健康产业链多个重要环节，涉及医药制造、产品研发、医药分销、中药日化保健及医药投资平台等多个领域。

公司实际控制人曹龙祥先生直接或间接持股 50.47%，与妻、子、兄形成的一致行动方合计持股 73.78%，治理结构稳定。公司核心高管、董事长曹龙祥与副董事长黄曲荣均在上市公司履职超过 15 年，研究院院长董自波任职近 10 年，核心高管稳固。公司接班人“80 后”曹飞，从运作壳股“万鸿集团”可以看出，比父辈野心更大，但个人能力仍需要持续观察。

济川药业作为深耕呼吸、消化、清热解毒等大病种专科领域的优质中成药企业，在国家放开二胎政策，二孩集中出生，中药注射剂受限和儿童药受政策倾斜等大背景下，一线主力品种和二线产品梯队有望保持平稳快速增长。目前三大主力品种贡献主要利润，蒲地蓝消炎口服液、小儿豉翘清热颗粒、雷贝拉唑钠肠溶胶囊合计毛利占比超 80%，二线品种（健胃消食口服液、三拗片、川芎清脑颗粒）毛利占比近 10%。

2018 年 1—6 月，公司实现营业收入 380372.47 万元，较上年增长 35.36%，归属于上市公司股东的净利润 84251.7 万元、归属于上市公司股东扣除非经常性损益后的净利润 82476.51 万元，分别较上年同期增长 44.81%、51.22%。整体来看，2013—2018 年，公司业绩稳步上升。

济川药业自成立以来企业的发展业绩证明，管理者是踏实做事、锐意进取的优秀管理层。

投资核心逻辑

大行业、小公司特征，二孩政策的直接受益者

2017 年 7 月 1 日，我国《中医药法》正式实施，首次以法律的形式明确了中医药的重要地位。根据国家统计局数据，2017 年医药制造业规模以上工业企业实现主营业务收入 28185.5 亿元，同比增长 12.5%；实现利润总额 3314.1 亿元，同比增长 17.8%，医药行业收入和利润增速较 2016 年均有所提高。

随着全面二孩政策实施，2016 年我国新生儿数量达到 1867 万，同比增长 11%，其中二孩及以上的比例超过 45%。原国家卫计委指出，全面二孩政策的目标人群有 9000 万，但综合各种因素，只有 28% 有生育意愿，这部分生育势能将在 2016—2030 年间不断释放，带来新生儿数量增加，估计出生人口峰值有望超过 2000 万。

儿童由于免疫系统尚未成熟，易患呼吸系统疾病，而药品供给不足，我国 3500 余种药物制剂中，儿药剂型仅 60 余种，不少临床实践将成人用药减量对儿童使用，存在安全隐患。二胎政策的放开，推动了我国儿童数量迎来新一轮增长。伴随二孩整体人数的增长，儿童用药可持续性仍非常强。济川药业 2017 年营收仅 56 亿元，成长空间非常广阔。

剂型独家，药效口碑好，客户黏性强

蒲地蓝消炎通用名拥有胶囊、片剂、合剂（口服液）3 种剂型，共 32 家厂商在产（其中片剂 29 家、胶囊剂 2 家、合剂 1 家）。数据显示，医院端合剂以 92% 的市占率位列首位，药店端合剂占比近六成。

济川药业是国内唯一一家合剂（口服液）生产商，而且是一款双跨药品（既可以处方药销售，又可以 OTC 销售）。产品 2003 年上市，专利保护期到 2021 年，目前暂无申报同种剂型的厂家。

济川药业另一主打品种小儿豉翘是主治儿童感冒的中成药龙头。小儿豉翘清热解毒颗粒作为公司的独家产品，在儿童感冒中成药领域中以 40% 的市占率位列第一。小儿豉翘清热颗粒源于中医儿科专家李少川教授行医 50 年的经验方，具有“解热退烧，不易反弹”的特点，对感冒、流感、手足口病等疾病功效确切。

在原国家卫计委发布的《流行性感冒诊疗方案（2018 版）》中，明确将小儿豉翘清热颗粒列为预防和治疗儿童流感的推荐用药。中央电视台更是在“新闻频道”“东方时空”等栏目将蒲地蓝消炎口服液和小儿豉翘清热颗粒作为防治流感的有效药向观众推荐。

从近几年身边的同事、朋友来看，二胎逐渐增多，大家普遍反映小孩感冒是个大麻烦。因为孩子太小，对西药、打针、吊水非常抵触。于是，药效明显的中成药就成为了医生们的普遍推荐，蒲地蓝和小儿豉翘作为儿童专用药，受到了医生的重点使用。

主力产品未来三年可持续发展确定性高

公司业绩的基石是蒲地蓝消炎口服液和小儿豉翘清热颗粒，二者的可持续发展对企业至关重要。以下四个因素可以确保未来数年公司的可持续发展。

一是二胎政策带来的利基市场扩容。儿童用药是弱周期品种，用量与用药总人数直接相关，二胎人数的持续增长必然会带来市场的持续扩大。儿童从出生到上小学前，是用药高峰期，这不仅与幼儿器官发育不成熟有关，也与幼儿不成熟的生活习惯有关。未来即使“二胎红利”结束，二胎带来的用药增长也能够再持续三至五年。

二是替代中药注射剂、抗生素市场。2015 年我国中药注射剂销售规模达到 882 亿元，同比增速仅为 1.42%，远低于过去几年 20% 以上的高速增长。蒲地蓝消炎口服液属于清热解毒类中成药，主要竞争产品抗生素和中药注射剂都由于滥用受到国家政策限制，有利于蒲地蓝消炎口服液持续放量。

三是 OTC 新渠道拓展。公司营销平台以医院为主，2014 年开始延伸至药店，2016 年延伸至基层 OTC。渠道覆盖率有望大幅度提升。蒲地蓝消炎口服液 2013—2016 年收入增量中，OTC 渠道贡献约 30%。OTC 渠道拓展还有利于销售费用率进一步下降。

四是医保增量市场拓展至成人科室。目前公司蒲地蓝销售主要集中在儿科，但药品本身适应范围很大，未来有望拓展至其他成人科室。

销售团队强大，产品销售有保障

公司拥有逾 5000 人、覆盖全国的自有营销平台。公司设有营销管理委员会，下设两个销售事业部与商务中心。不同于大部分处方药企，公司坚持自建销售队伍进行学术推广，人员招募与资金投入均处于行业前列。

优秀的销售团队使产品在非最优的环境下实现突破：蒲地蓝非国家医保名录产品，因此在医保不报销的城市，产品持续上量，体现了极强的销售能力。雷贝拉唑是公司销售过亿元品种中唯一的化药，并无儿科、中药基因，但济川凭借强大的销售能力挤入了胃肠领域前十。妇炎舒胶囊是东科（并购公司）的独家品种，原销售采用代理模式，进入济川后，嫁接公司渠道，推进医院招标，2016 年销售收入同比翻番至约 5000 万元，2017 年增长至 8000 万元。这些都充分证明了公司在销售方面能力出众。

优秀的 RNG

公司净资产回报率逐年稳步上升。前文已经提到，济川药业产品的可持续时间长。为进一步做大医药工业，提升产能，公司先后实施了两次非公开发行及可转债募集资金，投建东厂区 3 号液体楼、开发区项目和杨凌医药生产基地项目等。随着以上募投项目的建设，公司后期的生产能力将大幅提升，为公司业务扩张奠定了良好的基础。

潜在的主要风险

对主力产品过于依赖的风险

三大主力品种贡献主要利润，蒲地蓝、小儿豉翘、雷贝拉唑合计毛利占比达 80%，其中蒲地蓝单品种占比达到 45%，可以说蒲地蓝消炎口服液撑起了济川药业的半壁江山。过于依赖主力产品，绝对的集中，必然潜伏绝对的风险。一旦其原料药价格、产销状况、市场竞争格局等发生重大不利变化，必将对公司未来的经营业绩产生不利影响。

目前来看，蒲地蓝仍在二胎政策的风口之上，数年内没有太大隐忧。

公司研发能力不强、投入不足的风险

相对于恒瑞医药等龙头企业在研发方面的投入，济川药业的投入和成果仍明显不足。公司通过收购东科制药，补充了济川的产品线短板，但外延收购的可持续性仍需要观察。

国家政策变化的风险

近年来，受到药品招标采购、二次议价、国家价格谈判等政策影响，药品价格不断下降。另外，随着限抗、取消门诊输液、限用辅助用药等政策的实施，以及两票制、仿制药一致性评价、临床试验数据核查与生产工业核查，对医药企业盈利能力造成了一定的冲击，中成药和化学药品制剂工业的收入与利润都受到了一定程度的影响。

廉政风险

公司以销售见长，组织大量学术会议及评价活动，产生了巨额的市场推广费。随着我国医疗体制改革的深化和国家反腐力度的进一步强化，国家对药品生产销售领域的监管愈加严格。如果公司管理不善，发生商业贿赂事件，将面临法律及经营风险。

环保从严治理的风险

2018 年 8 月，新浪等媒体发布《环保督察“回头看”：济川药业环境违法被立案调查》《环保督察“回头看”：济川药业被立案调查!》等文章，市场反应强烈，济川药业一度跌停，虽然事后证明济川药业问题不大，但还是存在一定风险。

定量分析

核心财务指标

济川药业自 2013 年上市以来，净利润复合增长速度均超过 20%，净资产回报率逐年稳步上升。几个核心数据说明济川药业处于非常扎实的高质量稳定增长中。(见表 6－15)

毛、净利率与“三费”情况

产品毛利率保持稳定，高达 85%；净利率稳中有升，保持在 20% 以上。销售费用和管理费用稳中有降，财务费用过小，可忽略不计。济川药业以销售见长，销售费用占营收的 50% 以上，符合企业特征，但

需要持续重点关注占比的变化。（见表6－16）

现金流含金量情况

公司销售产品与收到的现金基本一致，且现金流明显高于同期净利润，证明公司现金流含金量非常高。同时，购建固定资产等支出远小于经营活动产生的现金流量净额，说明企业的发展对资金需求比较小，有利于企业长期良性发展。（见表6－17）

表 6-15　济川药业核心财务指标统计

单位：元

时间	总净资产	净资产同比增长	净资产复利增长	总净利润	净利润同比增长	净利润复利增长	销售额	销售额同比增长	销售额复利增长	自由现金流	现金流复利增长	净资产回报率	净资产复利回报率
2017-12-31	666,254			115,449			564,201			118,875		27.79%	
2016-12-31	498,761	33.58%	33.58%	90,194	28.00%	28.00%	467,789	20.61%	20.61%	91,310	30.19%	25.54%	26.67%
2015-12-31	358,542	39.11%	36.32%	64,050	40.82%	34.26%	376,784	24.15%	22.37%	64,548	35.71%	25.73%	17.09%
2014-12-31	335,772	6.78%	25.66%	47,821	33.94%	34.15%	298,641	26.17%	23.62%	61,611	24.49%	22.64%	12.09%
最低增长率		6.78%	25.66%		28.00%	28.00%		20.61%	20.61%		24.49%	22.46%	12.09%
最高增长率		39.11%	36.32%		40.82%	34.26%		26.17%	23.62%		35.71%	27.79%	26.67%
平均增长率		26.49%	31.85%		34.25%	32.14%		23.64%	22.20%		30.13%	25.43%	18.62%

表 6 - 16 济川药业毛、净利率与“三费”占比统计

单位：元

时间	营业收入	营业成本	毛利率	净利率	销售费用	销售费用/营业收入	管理费用	管理费用/营业收入	销、管费用/营业收入	财务费用
2018 - 06	3,803,724,677.40	581,209,395.79	84.72%	22.15%	1,944,936,688.24	51.13%	215,664,274.95	5.67%	56.80%	5,846,621.93
2018 - 03	2,217,605,139.83	326,221,482.44	84.67%	21.94%	1,107,757,692.70	52.07%	111,050,031.07	5.22%	57.29%	3,349,830.07
2017 - 12	5,642,009,138.99	849,029,644.22	84.95%	21.68%	2,940,724,430.95	52.12%	381,058,344.81	6.75%	58.88%	-9,682,555.97
2017 - 09	4,213,619,124.43	631,124,341.95	85.02%	21.53%	2,219,104,451.25	52.67%	288,845,359.27	6.86%	59.52%	-9,338,270.29
2017 - 06	2,810,169,844.65	412,813,878.81	85.31%	20.70%	1,500,406,314.05	53.39%	197,134,379.27	7.02%	60.41%	-6,756,101.01
2017 - 03	1,404,813,083.30	202,277,032.15	85.60%	20.69%	763,747,747.53	54.37%	104,646,299.36	7.45%	61.82%	-2,590,603.05
2016 - 12	4,677,891,561.32	690,450,451.83	85.24%	19.97%	2,506,924,468.76	53.59%	338,437,120.73	7.23%	60.83%	-8,869,164.35
2016 - 09	3,506,475,980.26	516,269,024.53	85.28%	19.28%	1,913,412,443.62	54.57%	256,107,251.58	7.30%	61.87%	-5,533,366.16
2016 - 06	2,353,807,652.37	347,053,638.48	85.26%	18.71%	1,295,986,834.59	55.06%	174,062,282.23	7.39%	62.45%	-3,504,036.87
2016 - 03	1,156,619,952.00	171,236,878.13	85.20%	18.08%	654,869,621.24	56.62%	80,905,916.66	7.00%	63.61%	-1,018,745.63
2015 - 12	3,767,836,374.31	590,027,787.53	84.34%	18.22%	2,044,898,566.75	54.27%	371,887,531.47	8.44%	62.71%	-4,565,500.33
2015 - 09	2,816,458,326.69	445,654,306.70	84.18%	17.72%	1,539,647,778.84	54.67%	242,696,108.75	8.62%	63.28%	-3,386,411.00
2016 - 06	1,872,717,304.61	289,090,065.42	84.56%	17.69%	1,032,686,314.26	55.14%	158,924,389.42	8.49%	63.63%	-2,363,023.84
2015 - 03	904,464,742.13	137,096,932.54	84.84%	17.65%	511,623,796.57	56.57%	77,916,961.91	8.61%	65.18%	-570,854.30
2014 - 12	2,986,412,154.82	468,943,792.38	84.30%	17.39%	1,645,979,544.51	55.12%	260,160,536.67	8.71%	63.83%	-3,105,498.19
2014 - 09	2,217,743,591.04	354,013,623.57	84.04%	17.08%	1,236,989,690.57	55.78%	184,784,486.26	8.33%	64.11%	-654,677.73
2014 - 06	1,467,449,880.90	238,029,938.13	83.78%	17.39%	810,816,476.16	55.25%	119,320,943.65	8.13%	63.38%	664,548.02
2014 - 03	712,956,270.85	117,680,834.12	83.49%	17.62%	408,689,028.61	57.32%	48,257,364.54	6.77%	64.09%	1,965,652.35
2013 - 12	2,447,577,611.79	369,698,276.49	84.90%	16.45%	1,383,369,186.52	56.52%	218,554,680.25	8.93%	65.45%	12,773,830.06

表 6－17　济川药业现金流情况分析

单位：元

时间	营业收入（A）	归属于母公司所有者的净利润（B）	销售商品、提供劳务收到的现金（C）	C/A	经营活动产生的现金流量净额（D）	D/B	购建固定资产、无形资产和其他长期资产支付的现金（E）	E－D
2018－06	3,803,724,677.40	842,516,978.97	4,027,267,691.03	1.06	1,021,908,181.49	1.21	397,451,842.99	(624,456,339)
2018－03	2,127,605,139.83	466,833,704.94	2,059,152,809.52	0.97	549,672,444.26	1.18	244,576,888.45	(305,095,556)
2017－12	5,642,009,138.99	1,223,463,511.35	6,327,987,730.56	1.12	1,188,750,419.68	0.97	746,249,650.54	(442,500,769)
2017－09	4,213,619,124.43	907,316,557.12	4,480,807,406.55	1.06	992,431,894.34	1.09	520,073,751.94	(472,358,142)
2017－06	2,810,169,844.65	581,811,190.24	2,924,393,759.39	1.04	711,026,402.08	1.22	345,349,667.07	(365,676,735)
2017－03	1,404,813,083.30	290,711,134.09	1,433,651,303.99	1.02	339,012,265.69	1.17	141,439,585.82	(197,572,680)
2016－12	4,677,891,561.32	934,182,942.51	5,270,562,554.78	1.13	913,095,389.87	0.98	323,491,759.45	(598,603,630)
2016－09	3,506,475,980.26	676,173,670.53	3,818,868,298.19	1.09	665,926,730.88	0.98	202,936,288.16	(462,990,443)
2016－06	2,353,807,652.37	440,431,138.26	2,515,262,350.86	1.07	462,826,119.64	1.05	134,373,950.03	(328,452,170)
2016－03	1,156,619,952.00	209,124,157.72	1,221,705,729.24	1.06	280,833,860.20	1.34	81,269,165.62	(199,564,695)
2015－12	3,767,836,374.31	686,571,187.72	4,260,053,608.37	1.13	645,475,175.61	0.94	395,977,523.98	(249,497,652)
2015－09	2,816,458,326.69	499,001,963.93	3,047,862,269.68	1.08	547,887,377.72	1.10	298,856,491.98	(249,030,886)
2015－06	1,872,717,304.61	331,200,319.75	1,954,902,379.51	1.04	328,996,631.97	0.99	226,901,094.97	(102,095,537)
2015－03	904,464,742.13	159,628,820.20	926,357,143.58	1.02	174,820,736.83	1.10	115,143,911.62	(59,676,825)
2014－12	2,986,412,154.82	519,392,597.91	3,103,839,475.05	1.04	616,112,024.21	1.19	301,509,368.19	(314,602,656)
2014－09	2,217,743,591.04	378,713,302.09	2,267,411,244.98	1.02	475,708,658.17	1.26	229,891,291.41	(245,817,376)
2014－06	1,467,449,880.90	255,126,071.13	1,446,065,704.80	0.99	282,949,066.00	1.11	146,144,626.93	(136,804,439)
2014－03	712,956,270.85	125,612,957.33	727,929,717.27	1.02	220,498,577.89	1.76	34,869,046.84	(185,629,531)
2013－12	2,447,577,611.79	402,723,954.22	2,548,298,106.27	1.04	287,164,897.99	0.71	270,101,883.54	(17,063,014)

其他主要指标情况

表 6-18 济川药业其他主要指标

时间	净资产收益率（加权平均）	流动比率（倍）	速动比率（倍）	应收账款周转率（次）	资产负债比率	存货周转率	固定资产周转率	总资产周转率
2017-12	31.78%	2.49	2.33	3.74	33.93%	3.80	3.66	0.97
2016-12	29.95%	2.24	2.07	3.85	26.07%	3.68	4.04	1.09
2015-12	28.57%	2.04	1.84	3.77	24.34%	4.01	4.23	1.09
2014-12	26.20%	1.91	1.79	3.64	31.68%	4.21	3.55	1.11
2013-12	42.35%	1.14	1.02	3.80	42.79%	3.70	3.48	1.37

由表 6-18 可见，企业净资产收益率逐年稳步上升；流、速动比率非常理想；负债率虽然有所提升，但有息负债非常少；企业各项周转指标基本保持稳定。

最新财务数据追踪解读（2018 年中报）

济川药业负债情况梳理

负债累计共计 24 亿元，包括：应付款 4 亿元，主要是工程设备款 1.8 亿元，材料款 1.8 亿元，应付票据 1.5 亿元；预收 800 万元可以先忽略不计。应付职工薪酬 1 亿元；应交税费 1.5 亿元。

重要负债一：应付债券 5.5 亿元。这是公司于 2017 年 11 月 13 日发行的五年期可转债，2018 年 5 月 17 日起已可自由转换。票面利率：第一年 0.3%，第二年 0.5%，第三年 0.8%，第四年 1.5%，第五年 6%。“济川转债”虽然是债，但从财务角度来说，因为付出的财务成本极低，是非常优质的体外资金。

重要负债二：其他应付款 10 亿元。这是需要重点关注的内容，它主要由三部分组成：应付报销款 4.3 亿元，风险责任金 5 亿元，保证金及押金 0.5 亿元。投资者要持续关注应付报销款的变化情况。

总体看，济川药业财务风险小，可转债进一步优化了公司的财务结构，为公司下一阶段的良性发展打下了基础。

济川药业资产情况梳理

重要资产一：货币资金 10.6 亿元，银行承兑票据 1.3 亿元，放在其他流动资产的理财产品 4 亿元，货币类资金累计 15.9 亿元。

现金流充沛。4 亿元理财产品，目前可转债还剩 5.5 亿元，公司不仅充实了自己的可用资金，从财务上也间接做了一次“低吸高收”的理财。

重要资产二：应收款 20 亿元，存货 2 亿元，预付及其他应收款 0.5 亿元，经营性资产累计 22.5 亿元。

应收款高达 20 亿元，值得重点关注。进一步追踪账期，可以发现基本上是年内应收，排第一名的应收金额为 0.26 亿元，前五名应收累计 1.25 亿元，这说明应收额虽然大，但风险并不大，主要是药品销售中，合作方众多的生意模式造成的。

存货 2 亿元，其中原材料 0.4 亿元，在产品 0.6 亿元，库存商品 1 亿元，相对半年近 6 亿元的营业成本，说明产品库存期仅 1 个月左右，间接说明产品供不应求。

重要资产三：固定资产 16.5 亿元，其中房屋建筑 12 亿元，机器设备 4 亿元，在建工程 8.5 亿元，其中主要是开发区项目、东厂区 3 号液体楼、杨凌医药生产基地三个项目。

其他非流动资产 2.1 亿元，主要为预付工程及设备款。无形资产 2.2 亿元，其中土地 1.8 亿元。其他资产 2 亿元，其中主要是收购东科制药的 1.67 亿元商誉。长期待摊费用非常小，仅绿化工程有 300 多万元。投资资产中，可供出售金融资产 0.5 亿元，主要是公司持有江苏泰兴农村商业银行股份有限公司和江苏泰兴建信村镇银行有限责任公司的股份。

总体看，企业资产经营稳健，目前正处于企业历史扩张期。

企业要发展，就离不开扩大投资和生产。从表6－19中可以看出，济川药业在建工程投入超10亿元，超过原资产一半。开发区、东厂区3号液体楼、杨凌医药生产基地三个项目承载着济川药业业务再上一个台阶的重任。

表6－19　济川药业2018年中期资产负债简表　　单位：亿元

<table>
<tr><td rowspan="10">总资产</td><td rowspan="10">70</td><td>货币类资金</td><td>16</td><td>理财</td><td>4</td><td></td></tr>
<tr><td rowspan="3">经营性资产</td><td rowspan="3">22.5</td><td>应收款</td><td>20</td><td>前五名，应收款仅2.5亿元，非常分散，应收款常年稳定在营收的30%</td></tr>
<tr><td>存货</td><td>2</td><td>库存商品1亿元，其中原材料0.4亿元，在产品0.6亿元</td></tr>
<tr><td>预付及其他应收款</td><td>0.5</td><td></td></tr>
<tr><td rowspan="4">生产资产</td><td rowspan="4">29</td><td>固定资产</td><td>16</td><td></td></tr>
<tr><td>在建工程</td><td>8.5</td><td>开发区项目、东厂区3号液体楼、杨凌医药生产基地</td></tr>
<tr><td>无形资产、土地</td><td>2</td><td></td></tr>
<tr><td>其他非流动资产</td><td>2</td><td>预付工程及设备款</td></tr>
<tr><td>投资资产</td><td>0.5</td><td></td><td></td><td></td></tr>
<tr><td>其他资产</td><td>2</td><td>商誉</td><td>1.67</td><td>东科制药</td></tr>
<tr><td rowspan="8">负债</td><td rowspan="8">24</td><td>应付款</td><td>4</td><td></td><td></td><td></td></tr>
<tr><td>应付票据</td><td>1.5</td><td></td><td></td><td></td></tr>
<tr><td>应付职工薪酬</td><td>1</td><td></td><td></td><td></td></tr>
<tr><td>应交税费</td><td>1.5</td><td></td><td></td><td></td></tr>
<tr><td>应付债券</td><td>5.5</td><td></td><td></td><td></td></tr>
<tr><td rowspan="3">其他应付款</td><td rowspan="3">10</td><td>应付报销款</td><td>4.3</td><td></td></tr>
<tr><td>应付风险金</td><td>5</td><td></td></tr>
<tr><td>保证金及押金</td><td>0.5</td><td></td></tr>
<tr><td>净资产</td><td>46</td><td></td><td></td><td></td><td></td><td></td></tr>
</table>

定量分析情况总结：企业持续高质量增长、现金流十分健康、财务

压力不大、管理稳健不乱来；总资产不断增长，同时净资产报酬率仍实现了逐步抬升。从财务定量分析角度来看，济川药业无疑是一位中规中矩的“好学生”。

需要长期观察的指标和重点项目

持续追踪企业的过程中，要紧紧盯住应收账款、销售费用在营业收入中的占比。理想状态是应收账款和销售费用占比持续降低，至少要保持稳定。如果出现异常波动，要及时弄清楚原因。

此外，要重点关注开发区、东厂区3号液体楼、杨凌医药生产基地三个项目的进展情况。这三个项目关系到济川药业未来产能的释放，目前看进展顺利。

技术分析

再次重申个人观点：没有基本面支撑的技术只是时灵时不灵的问签求神，因为失去基本面估值的锚，市场下跌中，技术面无法给您在股价下跌中敢于买入的勇气和决心。技术面最大的作用是在基本面锚定的前提下，寻找好的买点和卖点。

月线分析

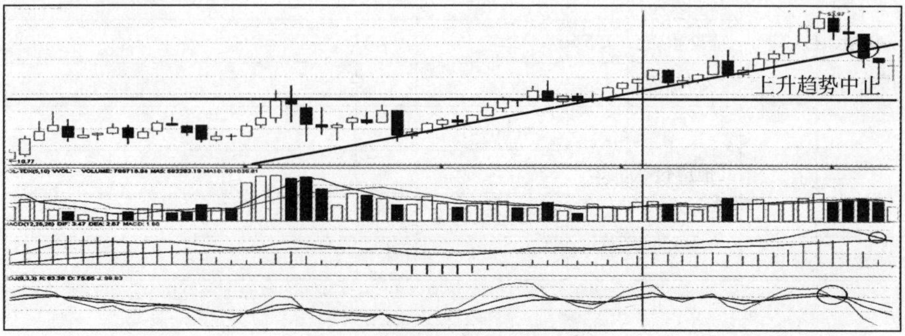

图6-9 济川药业月K线

根据多年的实践经验，KDJ 在长期技术分析，尤其是对中长期的判断作用还是比较明显的。由图 6－9 可见，济川药业月 KDJ 与 MACD 都是自 2016 年初底部上升以来高位死叉，而且长期上升趋势已明显中止，技术面目前面临向企业基本面寻找支撑的走势。

周线、日线分析

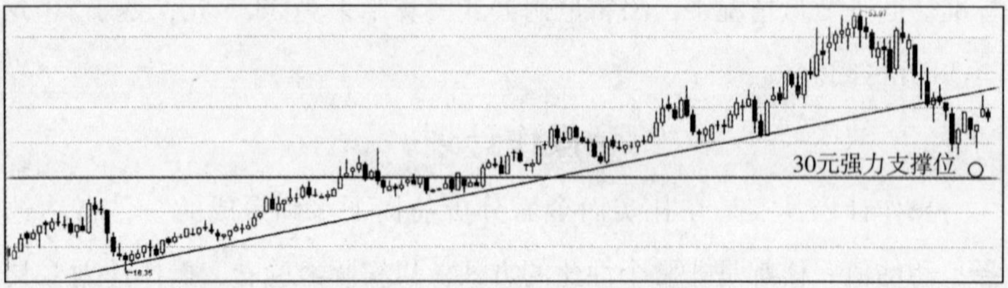

图 6－10　济川药业周 K 线

图 6－11　济川药业日 K 线

由图 6－10、图 6－11 可见，月线长期趋势明确的情况下，周、日线进行了佐证细化。结合企业基本面估值分析，股价 30 元左右值得分批买入。

业绩增长与股价对比

济川药业营收从 2013 年的 24.5 亿元增长至 56.5 亿元，增长 2.3 倍；净利润从 4 亿元增长至 12.2 亿元，增长 3 倍；股价从 16.3 元（前复权）上涨至 38.5 元（2018 年 10 月 29 日），上涨 2.3 倍。业绩增长与股价涨幅基本同步。2016 年初与笔者同期买入济川药业的投资者，目前仍值得长期持有。

结合定性定量分析，综合各方面要素，保守起见，计划采取 15% 的最低预期增长率和 30 倍的市盈率，以十年为期，测算结果显示当前合理股价为 30 元，相较当前股价六六折，基本符合“五毛买一块”的标准。同等变量情况下，格雷厄姆公式测算结果为 38.5 元，处于 30 元至 38 元区间。

操作计划

操作计划其实是在扎实而全面分析前提下水到渠成的一种自然选择，和估值一样都是非常个性化的方式。以实际经验看，操作计划要具备简单、可执行性强的特点，才能真正做到知行合一。（见表 6－20）

表 6－20　济川药业操作计划　　单位：元

买入	股本	814,000,000	股价	30	对应市值	24,420,000,000	好对象，一般时机
				28		22,792,000,000	好对象，好时机
				25		20,350,000,000	好对象，极好时机
卖出				60		48,840,000,000	收回本金，利润长期持有

总结：济川药业是值得长期持有的稳定成长优秀企业。

小作业

选出自己仓位最重或最喜欢的个股，按图索骥，用对应的方法写出一份专属自己的研究资料吧。

不用担心写得好不好，也不必在意水平行不行。因为只要着手去做，真正开始了，就有机会变得越来越好，投资越来越行！

第七章

投资之镜

本章以虚构的“王有道”“张步庭”“吴为”（投资有道，股涨不停，贵在无为，方能稳赢的谐音）等人物为背景，将《稳赢投资》中“老僧入定”“守株待兔”“龟兔赛跑”“十年树木”四种投资方式融会贯通，应用于实践。

投资就是一面镜子，投资世界百态丛生，也许我们可以从下面这块投资之镜中找到自己的影子。

本故事纯属虚构，如有雷同，纯属巧合。

王有道的烦恼

王有道今年45岁，是一名机关工作人员，作为一名带“长”的干部，收入稳定，生活小康，但是经济压力还是不小，因为仍处在上有老下有小的阶段。

好在前些年通过房改房、单位福利分房，再加上自己新买的商品房，攒下的房产可以提供一份稳定的租金收益，足顶一个人的工资。但即便如此，他仍然心中不安。老话说得好，人得未雨绸缪。现在靠以前的老本和工资，生活小康是无忧，但将来小孩长大结婚，作为父母多少得帮衬点，就算小孩再有出息，自己还要养老不是？而如今，投资渠道越发狭窄，且各种投资失败、因病致贫的新闻不绝于耳，如何才能实现资产的保值、增值，一直困扰着王有道。

王有道思来想去，突然眼前一亮：不是还有炒股这条路可以走嘛！国家政策早就言明，炒股就是支持国家经济建设。然而滑稽的是，仅仅高兴了数秒，王有道就再次陷入悲伤。作为一名入市已经超过十年的老股民，用“哀莫大于心死”来形容王有道对股市的感受，实在再贴切不过了。

经历了两轮大牛熊，虽然碍于面子和别人说是从股市赚了钱，但自个儿心里清楚，那可是亏了时间还亏钱，真是赔了夫人又折兵。

是王有道没文化？开玩笑！90 年代末大学本科毕业，那可是真正的高智商人才。

是王有道不努力？恰恰相反，像王有道这样努力的人不说天下少有，也绝对够得上“勤奋”这两个字。可惜在股市这块田地，天不酬勤，王有道做得越多，但身心越累，投资结果越不理想。入市之初，王有道为了研究 K 线，那可是充分发挥了自己制图的特长，硬是亲手画出了一幅又一幅标准的 K 线图，与现在的电脑 K 线分毫不差，积累下的稿子如果叠起来，那也是相当壮观的。为了找到“头肩底”，王有道通宵研究 K 线从没叫过累，这样刻苦钻研的案例可以说不胜枚举。王有道也赚过钱，事实上，牛市的时候，王有道买的有些个股可是翻了好几倍。而且王有道的很多技术研究成果发到网上，点击率也很高，还有不少股友称王有道为老师呢。但是，王有道的研究存在时灵时不灵的问题，尤其是牛市的时候很灵，但一到熊市似乎就开始很不灵。为此，王有道自己也很纳闷：怎么折腾了这么多年，赚的都是纸上富贵，亏的却是真金白银？

是王有道消息闭塞，听不进别人的意见吗？非也，王有道很开朗，非常喜欢和股友们分享研究成果，也能听得进别人的意见。其实王有道的信息来源还是挺广的，有些消息据说还是来自高层——前年根据一个消息赚了一大笔就是有力的证明啊！不过好像王有道自己也说，消息有时灵有时也不灵，别人的意见有时候要听有时候也不能听。慢慢地，王有道自己都有点迷糊了。

张步庭的大秘密

王有道其实是个很爱学习的人，尤其爱看投资类书籍，经典图书读了一遍又一遍，而且在书上写满了体会和感悟。但从王有道的实践过程来看，不管是技术分析类还是基本面投资法，都存在时灵时不灵的问题，好不容易“掌握”的一种方法，在风云突变的股市，往往见效不了多长时间就很难坚持下去了。加之王有道平时工作也比较忙，碎片化的学习加上不稳定的投资方法，让王有道吃尽了苦头。看着付出与回报严重脱节，王嫂按捺不住了，无数次劝说王有道离开股市这个“害人精”，但王有道坚持十多年，哪能轻易放下？这些年随着年纪增大，慢慢地，王有道也真有点心灰意冷了。

正烦心的时候，张步庭打来电话约饭局。真是巧了，正想散散心，找人说说话，这“瞌睡枕头”就递过来了。

张步庭是王有道的大学同学，毕业后又在同一个城市工作，因此经常聚会，吹牛谈天，开心得很。所谓酒逢知己千杯少，借酒消愁愁更愁。酒过三巡后，不经意间，王有道把自己的烦心事说了出来。话刚出口，王有道就有点后悔了：据己所知，张步庭是从不炒股的，毕竟这么多年从未听张步庭谈起过买卖股票。现在自己这个朋友口中的“专家”却反向这个“股市白丁”问计，岂不是笑话！

哪知道，张步庭的回答差点惊掉王有道的下巴。“我这几年倒是在股市赚了些钱！”张步庭轻松地说。事实上，张步庭可不是赚了些钱，而是赚了一笔大钱！100 万元！

张步庭一看王有道一副怀疑的表情，就原原本本把自己赚钱的经历说了出来。王有道听完后沉默良久，半天没吭声。

看着张步庭手机里的投资记录，不信不行啊！回到家中的王有道满脑子都是张步庭那怎么也憋不住笑意的脸，还有张步庭再三叨念的投资方法。

奥迪变奥拓：王有道的股市历险

迈进“两平”的阵营

2008年，虽然在“中体产业”上吃了大亏，但王有道是一个勤于学习、善于总结的人，更是一个不轻易服输，承认自己失败的人。股灾后消沉了一段时间，王有道又铆足了劲儿展开学习，水平有了明显提高。经历股灾的洗礼，心态也成熟了许多。

2009年，跟随股市的大反弹，着实赚了点钱。但也许是因为“一朝被蛇咬，十年怕井绳”，王有道有点“杯弓蛇影”，一有风吹草动就忍不住卖出，美其名曰“锁定利润”。吃了重仓“中体产业”一只股票的苦，深刻体会到了市值大起大落的巨大心理压力，于是持仓变得很分散，小小的账户里多的时候高达十多只股票。所以，王有道在2009年的大反弹行情中赚到的绝对盈利数量并不大。此后几年，市场行情很不理想，来来回回折腾，虽然没有出现巨亏，但之前的利润基本回吐。王有道不由感叹，自己还是难逃股市“七亏两平一盈”的魔咒！不过心里也有点窃喜：自己总算迈进了“两平”的水平，离“一盈”似乎也不远了。

机会总是留给有准备的有心人

2013 年初的房价正处低谷，王有道的爱人提出换大房子，两人前后看了十几家，最终选定了离家不远的一个新盘，付了定金。开发商为了积累客源，优惠力度还挺大，预付 10 万元，正式购房时抵 20 万元。正式开盘还需要半年时间，王有道同老婆商量，可否把手中剩余的 20 多万元首付款拿到股市搏一把，说不定可以“单车变摩托”，到时不用贷款，也许可以直接全款买房子。王嫂犹豫了一阵，架不住王有道的软磨硬泡，再加上王有道在 2009 年确实赚了钱，好多朋友时常向老王问计问策，这让王嫂相信了王有道的豪言。不过谨慎的王嫂还是留了一手：与王有道约法三章，年底付房款的时候，不管盈亏一定要取出来。如果赚了，赚的钱可以一直用于王有道炒股；如果亏了，取消王有道的“烟资费”，从此戒烟。

王有道爽快地答应了。因为久经股市磨炼，老王的技术确实还是过硬的，嗅到了些许“牛屎”的味道，更因为他已经盯上一只股票好长一段时间了。

骑上大牛股

2013 年，蓝筹大盘股还在屡创新低的过程中，中小创却开始探底回升，这一次，王有道骑上了 2013 年的大牛股——爱施德（002416）——完美的技术面、基本面共振、题材“爆棚”。

王有道看好的理由非常明确：第一，业绩反转，且年底有高送转预期；第二，有多个中长期性质题材反复刺激支持，如转售概念、国家概念、苹果概念、三星概念、前海概念等；第三，股本适中，只有 30 亿元左右的盘子；第四，技术面支持，如充分的底部蓄势过程，筹码高度集中、走势独立，量价配合理想，形态完美，处于明显的上升通道。

这一次，王有道没有犹豫，因为他感觉这是“千载难逢”的机会。2013 年“五一”假日前，在 7 元附近，王有道全仓了爱施德。

爱施德的股价没有让王有道失望，几乎从买进当日开始，就一路上涨，短短三个月已经翻倍。

7 月 26 日是王嫂的生日，当天爱施德涨停，这可是最好的生日礼物啊！为了给她一个惊喜，王有道整天故意绝口不提礼物的事情，搞得王嫂气不打一处来。直到当天晚上，吹灭生日蜡烛后，王有道才神气地打开股票账户给王嫂看。王嫂盯着账户中翻倍的市值，不可置信地望着王有道，彻底被王有道镇住了。

被镇住的还有王有道身边的几个年轻同事，现在大家都热情地叫王有道为“股神”。那段时间名利双收的王有道每天都喜滋滋的。

过完愉快的周末，老婆和同事们都劝王有道周一卖掉，已经涨了一倍，应该落袋为安啊。但王有道不置可否！

哪知天有不测风云，周二，爱施德竟然一路狂跌，尾盘跌停了！望着老婆那不悦的脸，王有道心里不是个滋味，本来低沉的心情更是灰暗了三分。周三，又跌四个点，才一天半，15% 的利润就没了。老婆和同事们开始唠叨：“见好就收多好啊。”

王有道灰头土脸地说：“你们知道什么？这股我可是研究过好几个月的！以后你们就知道了。”

爱施德股价也真替老王争气，半个月的调整结束，股价很快逼近 19 元高点，他的盈利已经接近两倍，至此，大家更加佩服起王有道来，说他真沉得住气，有大师风范！

9 月 13 日，爱施德停牌，数日后复牌连续两个涨停，真是提气！

至 9 月 27 日，星期五，股价已经涨破 22 元。至此，老王再也顶不住压力了，选择全部卖掉清仓。

短短五个月时间，22 万元变成了 67 万元。王有道夫妻比过年还高兴，利用周末大肆庆祝了一番！

剧情反转

戏剧的转折点是 9 月 30 日周一开盘，爱施德竟然又涨停收盘！王有道心里开始有点淡淡的酸味。尤其看着跟随自己买入的一个同事，兴奋地告诉他这个“喜讯”的时候，这种酸味渐浓。王有道心里盘算着，如果晚卖一天，那可又是六万七的收入啊，差不多抵一年的工资了！

国庆节假日，王嫂看得出王有道有点心不在焉，听他把原因一说，心里也有点不好意思，感觉是自己催急了，于是开导他：“你已经很厉害了，我们见好就收。”王有道想想也是，也许是自己想太多了。

国庆假期快结束的时候，那个跟着王有道赚了钱的同事硬是要请客感谢他，王有道稍微推辞了一下还是应下了。同事还叫上了两个同学作陪，说都是对股票感兴趣，特意向王有道取经。

酒过三巡，大家聊得很投机，其实主要是王有道讲得很过瘾。王有道把当初选择爱施德的理由如数家珍地详述一番，再加上同事在边上添油加醋地补充说明，一个活生生的“股神”就出现在大家面前。大家连呼过瘾，碰杯连连，为爱施德的暴涨干杯，向老王的高水平致敬！

陪酒的其中一位朋友在银行工作，席间他告诉大家一个好消息：他们银行现在有一个公务员无抵押贷款政策，只要提交身份证、个人收入证明等相关贷款资料，无抵押情况下，可以贷 50 万至 100 万元不等。像王有道这种级别，可以贷到 60 万元，而且他觉得像王有道这么高的水平，真是值得贷，毕竟一年的利率才 6% 多一点，半个涨停板的事，非常划算，大家一致认可他的观点。王有道当面推辞着，但心里还是留了意，饭毕私下留了那位银行朋友的电话，第二天就准备了资料，按朋友的说法，提前办好手续。现在用不用没关系，但要用的时候可以做到随时可用啊！

10月8日，股市开盘，当天爱施德竟然又冲击涨停，并最终以大涨7.5%收盘。王有道心里像猫抓一样难受。如果晚卖两天，这可就是10万元入袋了。稍后两天的调整，让王有道的心情稍加缓解。人们常说股市就是个“害人精”，你卖它就涨，周五爱施德又涨停了。

只是早卖了一个星期，整整少赚一倍！这可是20万元啊，可抵王有道两三年的工资收入！

周末连着两个夜晚，王有道失眠了。

银行贷款审核很快，七个工作日就放款了！这段时间，王有道也没有闲着，反复搜集和阅读爱施德的各种信息，虽然之前已经涨了好几倍，但此时的他坚信爱施德一定是一只“十倍股”（Ten bagger）——至少还有一倍的空间。

10月21日，判断爱施德短期调整结束的王有道打算再搏一把大的！他说服老婆，把原来的60多万元和新贷的60万元，在当天涨停前以26.7元的价格全仓买进，当天就浮盈3个点，净盈利超过3万元！望着得意之作，王有道终于开心地睡了个好觉。

10月22日，爱施德果然高开三个点，不到十分钟，直线拉升，最高已经大涨6%，半天工夫，账面浮盈已经超过10万元。王有道由衷地感叹：自己醒悟得太晚，这钱来得真舒服啊！

然而，命运之神总是喜欢捉弄那些得意忘形的人！让王有道没有想到的是，当天的高点竟然也是爱施德历史的高点！更没想到的是，经验老到的自己竟然被留在了爱施德的“珠穆朗玛峰”！短短九个工作日，股价从 29.08 元跌到 18.4 元，王有道账户损失超过 40 万元。

成也爱施德，败也爱施德！时隔五年，以几乎相同的方式重走了一次“中体产业”的老路，人性真是难改啊！

由于心态已经变坏，操作也变得不顺利，好不容易挨到年终，按照约定取出资金买房的时候，还掉贷款，王有道虽然还是盈利的，不过盈利已经缩水至 6 万元。

这时候的王嫂倒是很开明，经常笑着开导王有道说：“你水平还是高的，至少赚钱了啊！虽然最高的时候咱们赚了一台奥迪 Q5，但至少现在还可以买台奥拓嘛，都是姓奥的。就当它们是一家人，只是兄弟有大有小罢了。”从此，奥迪变奥拓的故事传遍了朋友圈。

不过，王有道事后还是非常庆幸自己及时退出，因为爱施德股价最低的时候跌到只剩 10 元，如果一直死拿着，基本上是血本无归了。

杠杆暴富的南柯梦

王有道庆幸的不仅是及时退出，更庆幸自己没有被一夜暴富的愚蠢想法所左右。他的身边就有一个活生生的案例，充满了深刻的血泪教训。这位朋友名叫包仁富。

2014年底，牛市已经初见端倪，很多个股都涨起来了，市场热度空前，正是新股民跑步进场的好时节。尤其是2014年12月9日和2015年1月19日两次难得的“牛回头”后，彻底激发了广大股民们做多的热情。对比从前，这次牛市最大的特色是很多资金都带上了杠杆，有些甚至是高倍杠杆。在牛市火热的氛围下，赚钱太容易了，并且赚钱的幅度都是以倍数计，人们的胆子越来越大，市场配资放出的杠杆也是越来越吓人，最高达到十倍。这对于王有道这种饱经股市折磨的老股民来说简直不可想象：一个跌停就会被平仓，这不是比赌博还恐怖吗！王有道时常感叹：这市场的绞肉机又有新货了！但对于包仁富这种新股民来说，他们看到的恰恰是反面：市场一直在涨，一个涨停可就是一倍的收益啊！这些老股民胆子太小，已经快被淘汰了！

轻松暴富的包老板

王有道还有一个烦恼，就是头发，“地中海”发型让他苦不堪言，于是，就认识了做假发生意的包老板。这天，包老板接待了一下王有道，就把他交给了伙计，眼睛又盯到股市 K 线上去了。伙计告诉王有道说：“你要不是包老板熟人介绍的朋友，他肯定懒得理你，他现在的心思全部在股市上，哪还有时间管这小生意。”

从伙计的介绍中得知，包仁富是去年底才被朋友带入市的新股民。别看他股龄短，但他收益高啊。只投入了 20 万元，但人家敢玩配资，加了五倍杠杆，本金达到 100 万元。2014 年 10 月跟着一个高手朋友买入了东方财富，一个月时间股价翻了一倍。这还不算什么，因为包仁富加了五倍杠杆，而且他是天天加融资，几乎每次都把可融资金加到最大，一个月后，他的净资产竟然达到了 150 万元，赚了整整七倍。

在巨大浮盈的强烈刺激下，包老板现在完全看不上才几千块钱一单的“小生意”。他的朋友有赚上千万元的，他的目标就是跟上朋友，将来要做“职业投资”，要争取早日实现“财务自由”。

在这种强烈暴富欲望和短期巨大盈利的双重刺激下，包仁富又调集了近 60 万元本金，自有资金达到 200 万元的情况下，继续以 1∶5 的杠杆，在 1 月 19 日市场暴跌之际，根据技术高手朋友的消息，全仓满融以涨停价买入不跌反涨停的超级强势股金龙机电。又是短短一个月时间，金龙机电从 24 元涨到 34 元，个股涨幅超过四成，包仁富本金激增到 600 万元。

也许是由于涨幅太大，也许是包仁富的朋友是真正的老手、高手，预感到了某种危险，朋友建议包仁富把杠杆降到和自己一样的 1∶1。包仁富毕竟是新手，对朋友的信任已经上升到顶礼膜拜的程度，所以也依葫芦画瓢，这让他躲过了那段时间的振荡，净资产基本保持未降。直到3月再次以40元的价格杀入，仅半个月，股价涨到60元，再次收获超过五成的收益。至此，包仁富的净资产超过了1000万元，成为了真正的千万富翁，但他没有止步的意思，因为朋友已经成为了亿万富翁，他要利用这次史无前例的大牛市加快追赶的步伐。

短短几个月时间，看着账户里的资金变魔术一般不断变大，包仁富简直就像做梦一样，感觉太不真实，好几次都忍不住狠狠地掐着自己的大腿，直到痛得受不了，才咧着笑嘴放开手。老婆说他经常半夜笑醒，买宝马七系、买别墅等字眼时常从嘴边跳出，传到员工的耳边，迎来一波又一波羡慕和崇拜的眼神。

火热的市场

市场的火热程度和夏日的天气一样气温持续高涨！每每回想起来，都让人血脉贲张，不能自已！

3月25日，顶着“投机”“炒作”“泡沫”“市梦率”“博傻”的声音和简陋总部与高股价不相称的质疑，全通教育的股价摸高至348元。

3月26日，全通教育跌停，把多头教育了一遍。

4月16日，中国证监会主席助理出席证券公司融资融券业务情况通报会，并对证券公司开展融资融券业务提出了七项要求：不得以任何形式参与场外股票配资、伞形信托等活动，不得为场外股票配资、伞形信托提供数据端口等服务或便利。1月查“两融”后指数很快收复失地，于3月份突破前高。4月份再次通报规范“两融”时，市场已无过大反应。人们对杠杆已经习以为常，丝毫没有感受到其中蕴藏的巨大风险。

4月21日，《人民日报》发表著名文章《4000点才是A股牛市的开端》。

5月5日、6日、7日，由于打新冻结天量资金，上证指数出现了牛市中极罕见的连续三根大阴线。但同样，这次也很快收复失地创出新高，再次用事实告诉人们“千金难买牛回头”。

5月13日，全通教育再度大涨至467.57元，并以涨停价报收，把空头也教育了一遍。

5月13日，朗玛信息最高价474元，超越全通教育。

5月25日，乐视网公告，贾跃亭拟减持公司股份总数8%的股票。当日收盘价76.31元，是半年前低点的六倍，套现约100亿元。

6月3日，国泰君安上市过会，募集资金300亿元，单只新股冻结资金超过3万亿元。

6月8日，合并后的中国中车A股复牌后再度一字涨停，中车A+H股市值达1977亿美元，超过波音+空客市值。

6月10日，ID为“想挣钱的散户”的股民在股吧发帖，称自已融资四倍全仓中车，爆仓了，愿赌服输，准备跳楼自杀。

6月12日星期五，上证指数创出5178点新高。

6月23日，5178点高点后仅第五个交易日，上证指数出现4264点的低点，低点相比最高点跌去18%，留下两个跳空缺口。但市场随后开始反弹。

很多人深信这次调整是为了更好地“蓄势”，因为这次股指最低目标是破6124点的历史高点，第二阶段是跨越“8848”点的珠峰，“万点不是梦”！

危险临近的时刻，包仁富和朋友还在依循着牛市的思路找寻超级强势股：那些在市场大跌中，股价只是小跌甚至反涨的个股。

然而，让绝大多数人没有想到的是，5178 点就是本轮牛市的终点。

千股跌停的日子

包仁富和朋友选中的股票叫“河北钢铁”。

在 6 月 15 日的大跌过程中，河北钢铁逆市大涨 5.2%，虽然 6 月 16 日随大市也跌去 6.1%，但随后的 6 月 17 日再次逆市大涨 7.08%，而且在市场随后的更大持续下跌中，河北钢铁再次逆市上涨，不断创出新高。这让欣喜的包仁富和朋友似乎重温了当初“金龙机电”的感觉。

截至 6 月 29 日，市场距离 6 月 12 日 5178 高点已经下跌超过 21% 的情况下，包仁富和朋友满仓满融的河北钢铁却逆市大涨 12.3%，成为股市真正的“大赢家”。看着多数哭丧着脸的投资者们，包仁富只想骄傲地告诉他们一句话：“市场是可以战胜的，关键只取决于你有没有眼光！”

梦终究是梦，总有梦醒时分。常在河边走，哪能不湿鞋！

6 月 29 日，河北钢铁再次逆市大涨 8.2% 后居然停牌了。

没有丝毫恐慌的包仁富还在懊恼于停牌的河北钢铁错过了 6 月 30 日上证指数从 -5% 到 +5.53% 的神奇大反弹。但之后市场风云突变，这让包仁富变得恐惧起来。

持续的下跌终于敲醒了麻木的人群，标志性的事件之一是央视在新闻下方提示：一旦逃出火场后，不要再返回火场。

7 月 1—3 日，市场持续暴跌，每天都是千股跌停。

7 月 4 日、5 日周末，李克强总理紧急回国主持救市，多个重磅措施出台，尤其是暂停了 IPO，甚至股民交的申购款都立即退回。这给身处绝望困境的人们带来了无限希望，很多股市老手都坚信这是真正的抄底良机。

7月6日，重磅利好下上证指数高开7.82%。大批散户倾其所有杀入股市，据传闻，当天有上千亿元资金成功出逃，最终，股指高开低走。收市的各种版本流言像瘟疫一样传播开来，大厦已倾，股民信心已失，此时此刻，无人可以力挽狂澜！

7月7日11点左右，创业板跌幅达到5.69%，在没有熔断的情况下，剩下时间走势几乎呈一直线：除停牌股外，整个板块跌停了。

7月7日、8日，千股停牌避险，数量之多在中国证券史上前所未有。

7月8日，沪深300、中证500、上证50三大股指期货共计12大主力合约全线跌停。

7月7日、8日，“国家队”在多只个股的跌停板脉冲式吃货，测试抛压，带动人气。但各种利好完全无效，满屏皆绿之下，绝境中的人们丧失了最后一丝希望。跌停价上那一排排的成交量，整齐得像一排刚割过的韭菜。

7月9日上午，公安部副部长孟庆丰带队到证监会排查近期恶意卖空股票与股指的线索。无数个股从跌停到涨停，终于迎来了“胜利”大反攻。“胜利”大反攻的根据，是国家队掏出真金白银提供了必要的流动性，但更重要的原因是股市的老话：“股市最大的利好就是股价大幅下跌所带来的便宜价格。”随着股指和个股的持续大幅下跌，股价已经回归甚至大幅低于企业本身的价值，风险得到了充分的释放。而且在这个通杀的过程中，一大批优秀个股被市场错杀。危机危机，最危险的时刻却孕育了最美好的投资良机。

包仁富望着账户中那丝毫没有缩水的数字，庆幸自己避开了这场史无前例的大股灾，但复牌后潜在大跌形成的巨大恐惧，就像达摩克利斯之剑一样时刻悬于头顶，让包仁富夜不能寐！

躲得过初一，躲不过十五

中国有句古话："躲得过初一，躲不过十五！"

河北钢铁的终极"审判日"终于来临：8 月 24 日复牌。

但这个时机实在太差了，8 月 24 日正逢大盘第二轮股灾暴跌，千股跌停潮再次上演。

包仁富最后一丝侥幸的希望都破灭了。他现在唯一祈祷的事情是复牌后的河北钢铁能在自己爆仓前早日开板。

然而，奇迹没能发生！河北钢铁毫无悬念连续四个跌停，由于购入资金太大，接到配资公司电话的包仁富完全没有实力补充资本金，此时的他也根本不敢去抵押房子进行贷款，不管第二天开不开板，这个账户事实上已经不是他自己的了。唯一的区别在于，如果明天开板，他只是资产清零，如果还是跌停，他将还欠下配资公司巨额债务。

一退再退的包仁富已从暴富的狂喜转变为对巨亏的恐惧，再次诚心祈求菩萨：保佑明天河北钢铁能打开跌停板，自己一定不再踏入股市，每天吃斋上供！

也许，真的是包仁富的诚心祈求发生了作用：河北钢铁真的开板了！

9 点 30 分，接到配资公司打来已清仓并没有多少债务的电话，包仁富一个激灵弹起，跑到菩萨面前恭敬地叩了九个响头，然后如释重负地瘫坐在椅子上。

下午 3 点，包仁富接到朋友道喜的电话就呆住了，今天是自己的爆仓日，朋友还来道喜，不是故意气自己吧！当下他麻木地打开电脑，看到屏幕上以跌停价开盘，尾盘冲击涨停并最终以大涨 7.4% 收盘的河北钢铁时，包仁富瞬间惊呆了。

幸好，包仁富颓废的时间并不长。虽然过了一个食不知味、浑浑噩噩的周末，但当周一河北钢铁再次跌停的时候，包仁富“复活”了，周二再次大跌几近跌停时，包仁富彻底清醒了，再次跑到菩萨面前恭敬地叩了九个响头：这是菩萨在点化和考验自己的诚心啊！

事后去看，包仁富想的也并非没有道理：河北钢铁6月29日停牌时股价为7.01元，包仁富清仓时为4.13元，至9月15日，短短一个半月时间，股价跌至仅剩3.11元。包仁富因为没有能力补充资本金，只是爆仓而已，但他的“亿万朋友”却因为卖车、卖房、借贷补充了资本金，躲过了包仁富8月28日的爆仓日，并收获了当天的大反弹，但在持续的下跌中，全部本金亏损殆尽，而且全部财富也消弭于无形，从真正的“亿万富翁”变成了“亿万负翁”。由于其投入基数太大，已经彻底失去了从头再来的机会和可能，成了彻头彻尾的股市输家，不仅输光了钱财，更是输掉了整个家庭和人生！

包仁富因杠杆暴富，但终究难逃南柯一梦！

王有道因为假发维修问题再次见到包仁富时，他已经是经历过大喜大悲、大起大落后，心态淡然的“卖假发的小老板”。因为有投资股票的共同爱好，这次包仁富和王有道聊了很久，包仁富虽然没有信守不再买股的诺言，还是会投点小钱在股市玩玩，消磨一下闲暇时光，但完全收起了“职业投资”的念头，再聊杠杆的时候也是谈虎色变。

也许是经历多了，也听多了类似包仁富的故事，王有道时常感叹股市赚钱真是难啊。

“黑金”中国神华与500万元退休金

细细回想了自己的经历，对比了张步庭和包仁富的结局，王有道决定要好好向张步庭取取经。张步庭曾说，他从高人处学了不少投资的好方法。

简单、易学、好用的指数基金定投：老僧入定

王有道一见面，就开门见山地和张步庭提要求，立即教他“老僧入定”的具体操作，这是张步庭曾经跟他提过的最好用的方法。

没办法，老同学的事就是自己的事。张步庭抛开手头的一摊事，打开了电脑，找到自己以前选的易方达基金公司，点开注册页面，剩下的就全由王有道自己操作了（见图7－1）。

王有道输入手机号，按步骤不到一分钟就完成了注册。第二步是绑定工资银行卡。张步庭看出王有道有点犹豫，便借机嘲弄了一下，然后耐心解释说，自己当初也有资金安全的顾虑，但后来每个月收到扣款信息，随时可以查询，而且至今七八年了，没有出现任何问题。毕竟，易方达基金公司是老品牌了，基金行业内规模排在前三，信誉度一直可

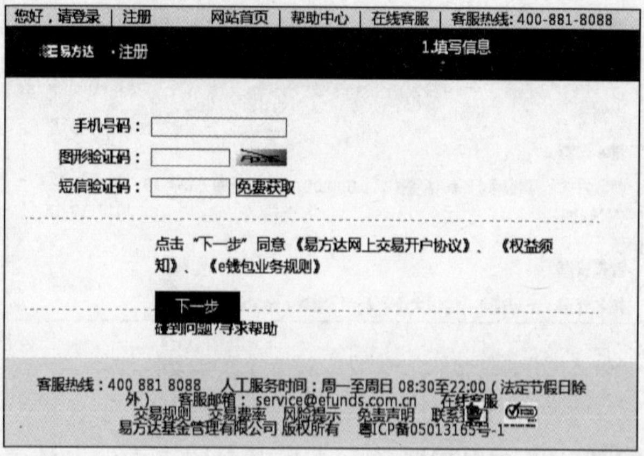

图 7－1　基金定投注册页面

以，自己当时也是分析选择了多家才定下来的。其实选择哪家基金公司都无所谓，天弘、华夏、南方、广发基金等都可以。如果实在有点不放心，直接到银行柜台办也行，只是那样程序会麻烦一点，手续费高一点。

王有道做事一向都是用人不疑，疑人不用，当下没再犹豫，很快完成了绑定。至于投资对象，选择了和张步庭一样的大指数：易基 50 和易基沪深 300ETF；定投金额也和张步庭一样，易基 50 投 2000 元，易基沪深 300ETF 投 1000 元，每月总计定投 3000 元。（见图 7－2）

买入方式设定为智能定投，基准情况上下浮动 10%，因为张步庭说，智能定投相当于定投再平衡，就是涨的时候买得少，跌的时候买得多点。

坐在张步庭办公室沙发上的王有道不禁有点愣神：短短十分钟，就完成了“几十上百万的投资”，想想都觉得不可思议，心中不免有些忐忑。看着王有道略显不安的表情，张步庭向他道出了自己的定投经历。

张步庭的定投始于 2007 年。之所以从 2007 年初开始定投，是因为那时候正值火红牛市进行时，很多同事朋友都跑进去了，但自己生性谨

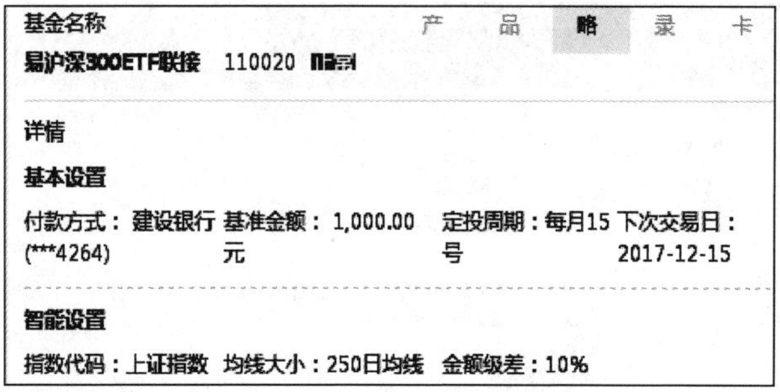

图7－2　基金定投方案设置页面

慎，没有买股票，不过也想赚钱，于是，参照高人的办法最终选了定投这种方式。

刚投入那两年正是牛熊交替的剧变时期，资金盈亏真是大起大落，身边很多之前赚钱的朋友后来都亏得很惨；但因为投入资金太少，自己感觉并不强烈。后来股市行情不好，慢慢这个事情就淡忘了，如此被动坚持了下来。账户因为长时间没打开，密码都忘了，倒也省事，他干脆就没管了。

直到2015年上半年，张步庭发现单位好多年轻同事茶余饭后经常眉飞色舞地讨论股票，到哪都能看到聊股票的人，很多人都说现在是“捡钱”的时候。他想起高人曾经的提示：发现身边人都在热谈股票的时候，也许你会突然记起自己曾经定投过指数基金，去打开账户看一看吧，如果涨了一倍以上，就把本金取出来买银行理财，锁定收益的同时避开系统性风险。

想到这里，张步庭当即联系基金公司，找回了密码，打开账户的时候，张步庭被账户里的数字惊呆了：近50万元！

现在看来，因为正巧碰上一个史无前例的大熊市，因此，虽然定投前期亏损，但股市磨底时间特别长，总体买入成本反而接近市场底部，累积的资金也比较大。张步庭算了一下，定投七年多，累计投入25万元左右，在投入市值最大的时候，短短半年的牛市，投入资金整体翻倍。

当天，张步庭就把资金全部转入银行买成了三个月一期，年息4%左右的银行无风险理财产品。

守株待兔

爆红的“杠杆牛”之后，紧随而至的是残暴的“杠杆熊”，千股跌停、千股停牌的奇观屡见不鲜。2015年下半年，史无前例的三轮股灾，打碎了投资人的聚宝盆，击溃了投资人的心，吓破了投资人的胆，2016年初的两次熔断更是让投资人绝望。

此时的张步庭却惊喜地发现，高人所言的“守株待兔”的机会批量出现了：市场上好多高分红的个股，如招商银行、民生银行、中国神华、格力电器等，出现了股息率超过5%的现象，有些甚至达到7%以上！

“守株待兔”的机会出现了，发现它就不能放过它！经过认真思考，全面分析，张步庭选择了中国神华这只“现金奶牛”。

2016年2月，张步庭将银行理财的50万元本金及近一年的理财利息取出，全部买入中国神华。虽然这次投入的资金量大，但张步庭没有丝毫犹豫。

张步庭向王有道细数着选择中国神华的理由，听得王有道这个老股民频频点头，交口称赞，心中佩服不已，同时深深地感叹：张步庭的理由一点都不深奥，甚至根本谈不上什么技术含量，很多只是常识！但现实效果却又是那么好，真的是轻松实现了稳赢。

张步庭说，中国神华就是真正的“黑金”。

理由1：神华业绩稳定，分红也比较稳定，除了2016年因行业大灾年，其他年份神华分红都不错。随着煤价的好转，相信神华的分红很快会恢复到原有水平。中国神华完全符合“守株待兔”优质、低价、高分红的择股标准。这类股票最美妙的地方在于，下跌中有分红，给人强力支撑，能让人真正做到越跌越买；上涨过程中享受股价上涨的同时还能笑纳分红的喜悦，这也是“守株待兔”最具魅力的地方。

理由 2：神华业务均衡，抗风险能力强，现在的神华其实已经形成闭环，从煤炭开采、运输到使用（发电）形成了产运销一体化。这种优势不仅体现在体内循环成本明显低于行业平均水平，更体现在业绩的稳定。以前电力不行煤炭补，现在煤炭不行发电补，去年全行业亏损，神华一枝独秀靠的就是这个。从某种意义上来说，神华已经不是普通意义上的煤炭股，受煤炭周期的影响比其他煤企要小得多，好得多。当然，任何事情都有两面，煤炭景气周期中神华的弹性也会小得多。神华的模式和利润来源很容易理解、看懂。看得明白，看完后也有信心持股。投资自己看得懂的行业和事情，神华从这个角度来说是符合的。此外，神华还有几个明显的优势：一是没有太大的负担，退休工人没有其他煤企多；二是技术领先，神华机械化程度高，设备先进，管理先进；三是煤炭要成为清洁能源，越是传统的煤企，改变的难度越大，这方面神华起步早，下手早，尤其是近几年投产的大厂，基本上已经成为了清洁能源，神华有明显的先发优势。

理由 3：国家产业政策——煤炭钢铁去产能。近几年从煤炭行业总体来说，煤矿亏得很惨，很多人本就心生退意，现在国家有强制要求，还有一定的补贴，所以推动比较快。我们国家是典型的多煤少油国家，煤炭在能源中占比超过 60%，这注定煤炭是当前中国不可缺少，短期也不可替代的能源。只要产能真正去掉了，供需自然就平衡，价格也会回归。行业的集中度加强，业内大企业未来获益可期，神华作为行业龙头，弹性虽然不是最大，但受益却是最确定的。现阶段如此强力去产能，产能难免去过头，当前感受不到，时间一长，这种物极必反的情况就会展现出来，价格自然也会有极端表现，到时反映在股价中的时候也就见怪不怪了。

理由4：管理的提升。新管理层较之从前进行了大刀阔斧的改革。相对优秀的管理层自然十分有利于神华出业绩。

中国神华这样的大盘股，是一头真正的大笨象，启起动周期是很长的，一旦开始投资，就要做好长期投资的准备。在此过程中，稳定持续的分红会变得格外重要和宝贵，因为它不仅是一种稳定的收益，更能增加长期持股的信心。

短短一年多时间，张步庭的中国神华不仅迎来了翻倍行情，还取得了每股3元的特别股息，真像是天上掉馅饼啊！

王有道还在沉思之际，张步庭又眉飞色舞地说了一句差点惊掉人下巴的话："我觉得自己可以拿到500万元左右退休金！"

王有道忍不住笑说："你现在确实赚到100万元了，但再吹牛，就要小心牛皮吹破了。"

张步庭也不争辩，只是轻轻地从抽屉里拿出一张表来。(见表7－1)

表7－1　500万元退休计划书

时段	月投入	年投入	七年投入	第7年牛市翻倍卖出	"守株待兔"熊市买入	第14年牛市翻倍卖出	每年5%七年股息	第14年资金	第7年牛市翻倍卖出	每年5%七年股息	第21年资金
第7年	3000	36000	252000	504000	504000	1008000	176400	1184400	2368800	414540	2783340
第14年	3500	42000	294000	588000	588000	1176000	205800				1381800
第21年	4000	48000	336000	672000	672000						672000
累计投入			882000							累计收益	4837140

张步庭气定神闲地说：“我只是从今年开始每个月增加500元的定投金额，七年后再增加一次500元，基本上就会达到。信不信由你，我们退休的时候你就知道了。其实不仅是你我，任何一个有稳定工作的人，从现在开始，采用‘老僧入定’和‘守株待兔’相结合的策略，都可以实现300万至500万元，甚至千万元退休金的目标。我们仅靠自己的布局就可以实现安享幸福晚年的愿望。”

手捧计划书的王有道呆住了！

该死的熔断

张步庭看着王有道吃惊的表情说道："不瞒你说，在此之前，我自己都认为这是不可能的事情。尤其是2016年初，我一位同事，一位有十多年投资经验的高手也栽在股市的时候，这个计划看起来就是在白日做梦。"

张步庭随后向王有道讲述了以前同事口中"该死的熔断"的故事。

"股神"横空出世

同事名叫牛雄，大家都说他的名字好，一听名字就是能在股市大干一番的角色。牛雄也确实人如其名，技术分析水平一流，而且在股市敢想敢干，人称"牛大胆"。得此外号，主要是投资过程中，他看得准，拿得住，而且都是重仓一只股。

牛大胆投资一直做得风生水起，尤其是赶上了创业板的大牛市，抓住了网宿科技、华谊兄弟、上海钢联等超级大牛股，短短数年，以50万元起家，在没有融资的情况下，盈利接近六倍收益，总资金达300万元，是大家眼中真正的顶尖高手。

那段时间是牛大胆的幸福时光：亲朋好友都是一片夸赞之声，自己也看好了一辆宝马5系准备换车，和老婆经常出去看房子，从大房子看到洋房再升级到联排别墅。

从某种意义上来说，牛大胆是有这个底气的，因为他不仅赚钱厉害，而且最让大家佩服的是2015年6月初，牛大胆准确地预测到了牛市大顶并全部清仓，从此一举封神，不仅在现实生活中，连网络上都赢得了“牛神”的响亮称号。

因为轻易成功而获取的自信心格外有杀伤力

当大家都被一轮又一轮的股灾折腾得体无完肤的时候，牛大胆也没闲着，他一直密切地关注着市场，但沉得住气的他没有任何动作，直到2015年12月底，兴奋和期待已久的“股神”准备出手了，他盯上了之前熟悉的对象：华谊兄弟。

牛大胆选中华谊兄弟，不仅是因为之前在华谊兄弟上赚了大钱，更重要的是他判断华谊兄弟是能够穿越熊市的牛股。

从技术面来说，华谊兄弟从股灾最高点开始，下跌幅度达到50%，作为优质成长股，回调幅度不可谓不大。牛大胆坚信是市场“错杀”了，因此这是千载难逢的好机会。

当然，经验丰富的牛大胆不可能仅凭技术分析就全仓入手，他更注重的是“基本面”，他看重的是华谊兄弟发布的两条重磅消息，这也是他之前从华谊兄弟赚到大钱的“秘诀”。

第一条重磅消息：华谊兄弟2015年11月19日发布公告称，以19亿元入股了在新三板挂牌的游戏公司英雄互娱（NEEQ：430127），持有20%股份，并将委任一人进入英雄互娱董事会。业界一直比较看好这笔投资，因为华谊兄弟与移动电竞运营商英雄互娱之间很有可能产生化学反应。比如《全民枪战》这款游戏的注册用户已达 1.6 亿，如果改编成电影，票房很令人期待。

因为身处股灾期间，这则消息虽然对股价有所提振，但很快就消弭于无形。

牛大胆清晰地记得华谊兄弟 2013 年收购银汉科技 50.88% 股权的消息爆出后，曾引发股价上涨，自己就是受益者，同样的事情再次重现，市场却没有什么反应，这不是“错杀”是什么？

第二条重磅消息：2015 年 12 月 28 日，华谊兄弟发布了电影《寻龙诀》的票房公告：公司参与投资的影片《寻龙诀》于 12 月 18 日在中国公映。据不完全统计，截至 12 月 27 日 24 时，该影片在中国上映 10 天，票房成绩已超过 12.08 亿元。若《寻龙诀》的最终票房能超过 20 亿元，华谊兄弟的收益约为 2 亿元；《老炮儿》的票房如果达到 10 亿元，华谊兄弟的收益至少有 4 亿元。华谊兄弟不仅是《寻龙诀》的联合出品方，也是《老炮儿》的制片方、出品方和发行方。

优异票房带动股价的大幅上涨，这是有多次先例的，牛大胆当初就是根据这个判断多次赚得盆满钵满。

2010 年年中上映的《唐山大地震》不仅为华谊兄弟带来了 6.5 亿元的票房与 1.72 亿元（票房与版权）收入，还帮助华谊兄弟的股价连续上涨；冯小刚的《非诚勿扰 2》还没上映，就曾使得华谊兄弟股价在 2010 年 12 月 15 日盘中一度触及 34.57 元的涨停板，最终报 34.04 元，上涨 8.30%，位居创业板首位。

光线传媒的股价在《泰囧》上映后一路飘红，截至 2012 年 12 月 31 日，收盘价达 34.99 元，与 12 月最低价相比上涨了 81.48%；2013 年元旦期间，华谊兄弟出品的《十二生肖》首日票房就达到 4350 万元，不仅远超《一九四二》的首日票房收入，也超越《泰囧》的首日票房3650万元，而二级市场统计显示，《十二生肖》上映期内，华谊兄弟的股价涨幅超过15%。再比如2014年，《四大名捕2》上映后，出品方光线传媒的股价3个交易日涨幅逾10%；《私人订制》于当年12月19日正式上映，12月6日至12日5个交易日内华谊兄弟股价大涨29.54%。

基于之前成功的经验，牛大胆这次出手不凡：不仅押上了手头的300万元，还将自己的两套房产抵押，共计500万元资金，同时向证券公司进行了1:1的融资，共计1000万元全仓满融买入。他要用这次“千载难逢”的机会“搏”一把，彻底改变人生！

每个赌客在买入时都有充分的理由

2015年12月29日，牛大胆全仓满融买入华谊兄弟。12月31日，当他把这个决定告诉身边的同事和朋友时，大家都惊得目瞪口呆，因为这时候已经没几个人敢买股票了，更不用说全仓出击，都说他真的是胆子大。

牛大胆真的胆大无边吗？非也，恰恰相反，牛大胆是经过精心盘算才作出的决定。支持他满仓加满融的理由有几个：一是有以前历次盈利的经验，两则重磅消息带给他强烈的预感。二是元旦佳节马上来临，他判断《寻龙诀》和《老炮儿》肯定大卖，将会迎来一个全新的票房高峰。三是他判断股灾已经接近尾声，华谊兄弟股价本就有强烈的反弹预期，叠加票房高峰，一定会迎来一波大涨；这点从技术面也明显看得出来，他买入的这几天，华谊兄弟股价明显跌不下去，有大资金吸筹的迹象。

果然，不出牛大胆所料，《寻龙诀》和《老炮儿》元旦期间票房大卖！那几天，他一心想着在2016年第一个交易日定能开怀大笑。

千番算计，万般无奈

然而，千算万算，牛大胆还是算漏了“该死的熔断”。

上交所、深交所、中金所规定：自2016年1月1日起熔断机制正式实施，沪深300指数涨跌幅超过5%，将暂停交易15分钟；沪深300涨跌幅超过7%时，交易时间将暂停至收盘。谁料节后的第一天，沪深300指数就暴跌7%，触发了刚“上线”一天的熔断机制。华谊兄弟虽然没跌停，但受大盘影响，也直线下跌，最终以大跌7.5%收盘，牛大胆是真的傻眼了。唯一受到安慰的是，比起“千股跌停”的惨状，华谊兄弟还算是抗跌的，也正是这个原因，虽然牛大胆损失惨重，但还是没有引起他足够的警惕。

熔断机制的主要目的是为市场提供“冷静期”，避免或减少大幅波动情况下的匆忙决策，保护投资者特别是中小投资者的合法权益；抑制程序化交易的助涨助跌效应；为应对技术或操作风险提供应急处置时间。

依据常识我们就可以看到，3.5%的波动次数肯定是远远多于10%的波动次数的。一个试图把10%的振幅缩小到7%的政策，实际上会把更多3.5%的振幅扩大到7%，市场一旦形成一致性预期，就会造成踩踏，进一步引发市场的恐慌，就此会陷入反身性的恶性循环之中。更糟的是，以前涨跌停板的时候，想抄底的人还可以在跌停板买入，现在熔断了，想买的人都买不了。流动性瞬间枯竭，而且这是一种看不到希望的枯竭：股市已经变成一个流动性很差、非常脆弱的市场，如果熔断制度不取消，市场难免会一直跌下去！

其实这和大商场火灾逃生非常相似：商场起火了，某个地方越烧越旺，场内的人都急着往外冲，踩死踩伤无数。此时，救市者为了“保护”场内人员的安全，希望维持逃生秩序，不仅没有打破门窗释放更多的逃生通道，反而把最后一个通道也限时封死，并拿着高音喇叭喊：“不要急，大家按秩序慢慢出来，如果不守秩序乱跑我们就关门了，等你们守规矩了我们明天再开门。”可以想象，第二天大门口只会积聚更多急于逃生的人！更重要的是，看到这种情况，连那些想去救人救财物的也不敢进去了。

这是多么危险的状态！

更倒霉而危险的情况是，牛大胆刚进“商场”，还没搞清状况就被关在了“火场”内；与其他不顾一切夺路狂逃的人群不同的是，不明就里的牛大胆还在自我感觉良好地闲庭信步。

1 月 5 日，市场大幅振荡，但仅小幅收跌，加之 6 日的小幅收涨，更加重了牛大胆的侥幸心理。直到 1 月 7 日再次熔断，巨大的恐慌情绪和 200 万元的浮亏彻底打乱了牛大胆的心神，打垮了他的持股信心，牛大胆失眠了。

1 月 8 日，华谊兄弟高开低走，开盘不到一刻钟就大跌超过 5%，牛大胆心都快跳出来了！

牛大胆完全没有心思上班，内心充满了对股价继续下跌的恐惧，同时又满怀希望，祈求股价能够早点触底反弹。也许是牛大胆的祈求产生了效果，华谊兄弟的股价真的很快开始大幅反弹，9 点半后股价逐渐平稳，当天竟然奇迹般的以微涨收盘。神经紧绷了一天的牛大胆长舒一口气，瘫坐在宽大舒适的办公椅上。

周末天气很好，正是举家出游的好时节。但牛大胆没有丝毫放松心情，整个人像着了魔一般不停地搜集华谊兄弟的各种信息，其实很多都是牛大胆之前已经详细分析过的内容，但此刻看起来，之前众多的利好资料却似乎有所不同，心中总是出现那句该死的股谚：“利好出尽是利空。”短短两天，牛大胆感觉自己过了整整两年。他两眼通红，神情却不显疲惫，反而是给人一种异样的亢奋。

忐忑不安的牛大胆终于迎来了“终极审判”：如果股市周一能恢复上涨，牛大胆的坚持将迎来回报，而且他坚信天道酬勤，自己的判断是准确的，市场终究会纠错成功；如果再持续下跌，牛大胆的本金，这么多年积累下来的财富，将随着股灾而消失殆尽，除此之外，他还有可能欠下不少的债务。这种情况下只能清仓，不能危及自己家人的生存，这是牛大胆之前自己定的底线！

如果华谊兄弟出品一部《股市风云》，由黄晓明、张国立等华谊股东来演，一定精彩无比。剧情是这样的：持有华谊兄弟 360 万股的黄晓明一天损失超千万元，持有 523 万股的张国立身家缩水 1400 多万元。这就是周一的真实写照。1 月 11 日，华谊兄弟低开后一路振荡向下，尾盘跌停。

珍爱生命，远离杠杆

牛大胆事后完全记不起自己是怎么离开办公室的，他根本没勇气再看跌停价清仓的账户。短短一个星期，好不容易积累的 300 万元本金化为乌有。他脑海里只有一个念头：完了，一切都完了！自己努力十年化成泡影，什么都没有了。

张步庭倒是看到了失魂落魄的牛大胆拖着沉重的脚步走过自己办公室的身影。但从那以后，除了牛大胆的家人过来给他请了一年的病休假，就再也没见过他。再后来听说，牛大胆差点出大事，幸好被人从 18 楼的楼顶救了下来。

一年后牛大胆也没有回单位，而是辞职了。他家人说不敢再让他回到“这块伤心地”。技术高超但胆大包天的牛雄终究是败给了股市。

张步庭和王有道叹息着股市的涨跌难测，唏嘘着人生的变幻无常，更庆幸着自己的保守谨慎。通过身边的几个典型事例，两人深深地感到，对于普通投资者来说，单一持股虽然赚的时候很过瘾，但却是非常危险的事情。因为这个风险在于：无论成功多少次，无论取得多大成功，只要遇到一次“黑天鹅”，轻则复利率大幅下挫，重则推倒重来。另外，融资加杠杆就更危险了。因为杠杆是双刃剑，杠杆本身并不能改变获取财富的方向，它只不过是改变财富变化的速度罢了，但付出的代价却是财富面临不可预估的重大损失，普通人根本就驾驭不了杠杆。

当然，最危险的事情莫过于满仓满融个股，那简直就是：屎壳郎打灯笼——找死（屎）了！

拜会高人

聊着聊着，王有道突然冒出一个想法：有没有办法见一见《稳赢投资》的原作者？和张步庭一说，两人一拍即合。

《稳赢投资》是张步庭2008年春节期间，在拜访一位老领导时偶然看到的，软磨硬泡之下老领导才答应让其复印一本，并再三嘱咐，“他人赠予，未曾出版，切记不要外传”。深知老领导爱喝茶，两人当即带上好茶，直奔目的地，又是一顿软磨硬泡，终于取得了作者的电话。在老领导的帮助下双方约定了见面聊天的地点。

王有道和张步庭原以为作者必是一位饱经沧桑的老者，没想到来的却是一位衣着简洁，浑身透着书生气的青年。双方寒暄后逐渐步入正题。

青年人名叫吴为，果然比王有道和张步庭还小好几岁。吴为看出两人心中疑虑，主动介绍起情况来。

原来《稳赢投资》是吴为根据其师父早年的投资手稿，加上自己的成长和投资经历合二为一，形成的一本传记型投资小书。

虽然未见到真正的高人有点失望，但传人水平应该也不错，于是，张步庭稍一犹豫就说出了自己的困扰。原来张步庭是在操心卖出中国神华后到手的这100万元该怎么安置。

拜师学艺

吴为轻抿了一口茶后笑道："张大哥，你现在买卖中国神华的情况和我2009年按守株待兔法买入伟星股份简直一模一样。"

谈天说话间，吴为的思绪又回到了十年前那个波澜壮阔又惨绝人寰的牛熊市。

师父是吴为的长辈，处事有条不紊、不急不躁，好像面对任何事情都能处变不惊。听亲友们说，师父以前也是个上班族，但四十多岁开始就"退休"了，靠投资股票赚了大钱，似乎非常神秘。吴为读大学后，慢慢才知道这叫职业投资。因为自己学的也是金融，于是通过父亲好说歹说要拜师，师父最后同意了，但提了一个怪异的要求：吴为每年的压岁钱都要交给他，至于用来做什么，什么时候还给他们，一概不能问。父亲虽然好奇，但当即就同意了，毕竟每年万儿八千不是什么大事，而且大家都非常相信师父的能力！就这样，读大学后不久，吴为正式"拜师学艺"，成为了入室弟子。

奇怪的是，好几年了，师父除了拿一些投资类的书要吴为仔细研读，就从来没教过别的东西，吴为感兴趣的"炒股绝招"更是提都没提过。

几年下来，经典的投资类图书吴为基本读了一个遍。最大的收获是有了钱和财富的概念；了解了理财投资的各种方式和观点，其中最激动人心的是"财务自由"的理念，师父说自己就快实现财务自由了，希望吴为也能以财务自由为人生的奋斗目标。

师父说书一定要反复读，并且要做好笔记，写下心得，最好每隔几年就集中时间重读一次。看着师父书柜中那些有点泛黄甚至破损但码得干净整齐的“老书”，吴为心想，师父肯定读了无数遍！

按照要求，每次读完一本书，吴为就得交一篇读后感给师父。奇怪的是，师父看了后从不评价，只是把吴为的读后感收起来放好，然后再发下一本。如果吴为问起股票投资的具体情况，师父肯定会回复那句口头禅：“不要急，慢慢来，现在还不是时候。”

很多时候，吴为心里都在想师父是不是不想教自己“绝招”，但想想又觉得不太可能。他心里还是时不时埋怨师父总是“纸上谈兵”，只怕到时候自己学不到什么“真功夫”。

时光飞逝，很快，吴为大学毕业正式参加工作。但师父这边的模式还是依葫芦画瓢——照样，好像除了读书就没别的事情可教。唯一的变化只是有一天师父把吴为叫到家里，要他把工资卡拿出来用了一下，并且告诉他，以后每个月都会有基金公司扣掉1000元块钱。并且师父很严肃地对吴为提出了一个要求，不要问这个钱干什么用，更不能私自终止。

虽然开始两年，工资每个月扣掉1000元钱让吴为有点捉襟见肘，但后来工资涨了，影响也就微不足道，慢慢地，吴为都忘了这个事。

初入市场

2006年国庆刚过，工作两年多的吴为被周边同事谈论股票的浪潮淹没了，大家都兴奋地聊着各式各样的股票，赚钱的高兴劲儿全写在脸上。让吴为汗颜的是，自己学习股票投资多年，竟然没能从股市赚到哪怕一分钱。

心有不甘的吴为偷偷跑去证券公司开了户，将这几年工作中赚下的两万多元，义无反顾地投了进去。与其他散户不同的是，毕竟有过多年学习，吴为选择的都是成长稳定的绩优、蓝筹股。

赚钱的日子真是舒坦呀！短短两个月，两万多元变成了5万元，吴为心里都开始有点飘飘然了。不过空闲的时候就想不通：这样的牛市师父不可能不知道啊，他为什么不提醒自己参与呢？想归想，赚快钱的刺激很快就淹没了这些疑惑。

光阴似箭，转眼年底了。吴为兴冲冲地把自己买股赚了一倍多的事情告诉父亲，原以为同样会很高兴的父亲却皱起了眉头，在得知师父并不知情的事实后更是怒发冲冠，说自己太不懂事，当即带自己去师父家认错。

吴为忐忑不安，向师父说明了情况，师父听后，既没批评也没表扬，只是笑笑，然后安慰父亲说道："没关系，年轻人嘛，自己多试试未尝不是件好事。"就这样，吴为的股票投资之路算是从地下转为公开了。回家的路上，父亲告诉他，师父不是一开始就像现在这么厉害的，年轻的时候炒股吃过很多亏，曾经赚了很多钱，但也差点破产，他是不希望吴为走师父年轻时走过的弯路。

这个插曲很快就被年味冲掉了。

2007年的股市更是牛气冲天，吴为的账户虽然操作不断，来来回回止盈止损不停，但总体来说收益还是比较理想，最高的时候市值竟然达到了8万元。正在人心思涨，希望股市百丈竿头更上一层楼的时候，"5·30"惨案发生了，吴为也深受其害，短短数天，市值竟回落到年初的5万元！幸好，不久后股市快速反弹，吴为因为选的都是绩优股，强震荡后竟然都开始继续走强。当股指突破6000点的时候，大家都兴奋地一致认定肯定能涨到10000点！吴为的市值也达到近10万元的最高峰，相对初时投入的两万多元本金，整整翻了三倍。后来的故事大家都知道，指数从6100多点跌到1600多点，吴为所持个股也难以幸免，股灾期间不断割肉，抄底，再割，再抄……赚的利润全部亏光，本金也只剩下可怜的一万多元。

认识“稳赢”的威力

再次见到师父时，他并未受到责问，师父只是让吴为谈谈感受。吴为沉思道：“太累了，而且多数时间和精力的投入没有意义，因为股市并不是天道酬勤的地方。最大的感受是没有把握的投资，无论涨再多倍，一个百分百就全亏完了。”

师父听后点了点头，嘴角露出了微笑。随后从书柜的最里层取出了一本薄薄的手写稿件递给吴为。吴为抬头一看，只觉书稿的正中“稳赢投资”四个大字格外醒目。

师父仿佛自言自语地说道：“是时候了。”

师父把吴为父亲请进书房，指着电脑上已经打开的一个股票账户和基金账户郑重说道：“吴为长大了，也算成熟了，今天我就正式把账户和资金交回给你们。”

父子俩一看账户金额惊呆了：整整30万元！这在当时可是能够买下一套不错的两房了！吴为更是目瞪口呆，难道这些钱都是自己的吗？

师父解释道，股票的22万元是以吴爸的名义开的账户，从读大学开始至今累计投入8年的压岁钱，每年1万元；用了“十年树木”之法买入相应股票，2008年前只买不卖，因为遇上了大牛市，期间市值最高的时候甚至超过了30万元；股灾初期至卖出前回撤了一部分，现在账户中的都是现金。

基金账户里的8万元是用“老僧入定”之法，从吴为参加工作开始每月扣除的1000元，因为周期短，只投了三年多，本金不到4万元，牛市中翻一倍时卖掉回收了资金。账户里的 8 万元是随时可取的现金，但定投仍在持续。

师父没有理会父子俩震惊的表情，继续指着吴为手中的书稿说：“《稳赢投资》是我一生的心血，其实倒也没什么神秘的，就是普通四招，只是大道至简，我能够做到知行合一罢了。到今天为止，我已经完整地教会和展示了‘老僧入定’‘十年树木’两招给你。今天找你们过来，一是这个教学算是靠一个段落，以后主要靠你自己去坚持，去领悟。二是另外两招‘守株待兔’‘龟兔赛跑’不像前两招都是被动坚持，这两招需要主动出击，尤其是‘龟兔赛跑’，更需要时间和精力去打磨，一着不慎，仍然存在满盘皆输的可能。如果你甘愿当一个普通上班族，前两招配合应用，再加上相对容易掌握的‘守株待兔’法，已能保你在绝对安全的基础上，通过稳赢实现老有所依、财务无忧。不过你要清醒地看到，‘老僧入定’‘十年树木’‘守株待兔’这三种方法主要靠的是时间和坚持，与你个人能力并没有太多直接联系。但你既是入室弟子，就应该要像我一样，通过自己的努力和能力学会‘龟兔赛跑’之法，获得更大的成功。希望你能够戒骄戒躁，谨小慎微，以如履薄冰之心，厚积薄发之智，坚忍不拔之毅，知行合一之践，在股市成就一番事业。”说到结尾处，吴为看到平常随和淡然的师父，神色变得格外坚毅起来！

师父打开一个抽屉，拿出厚厚的一叠手写纸，最下边的纸张已经泛黄，细看之下，竟然是吴为这些年写的“读后感”，不经意间已经写满一大抽屉。

师父把它们交到吴为手上继续说道：“这是你自己多年的读书心得，其实也是你的成长历程，值得今后反复回看和比对。我和家人准备不久后移居澳洲，今后投资主要就靠你自己去感悟和总结了，实在有难题的时候我们再通过其他方式沟通吧。相信你这些年的积累会派上大用场的，虽然现在你的 30 万元起步资金稍少，但只要抓住即将到来的‘守株待兔’机会，资金能够早日翻倍的话，‘龟兔赛跑’就能够让你这只成熟的兔子撒开步子快跑了。说不定有一天你还能打破我‘退休’的年龄纪录呢!”师父说完，欣慰地笑了。

师父教吴为“守株待兔”法的时候是非常有的放矢的。按照吴为的说法，这也是师父唯一给自己提供的直接帮助，因为当时正值遍地都是“死兔”的黄金机会，正是“守株待兔”的最佳时机。

当然，吴为肯定没有错过这样的机会。他选择的那只兔子叫“伟星股份”。这是一个地道的纽扣大王，其生产的纽扣遍布全球，是世界上最大的纽扣生产企业，同时也是最大的拉链生产企业之一。别小看一粒纽扣和一条拉链，它可是生活必需品，生意模式稳定，销售渠道固定，企业效率高，更难得的是上市以来一直高息分红。按照吴为的测算，当时伟星股份股价对应的平均分红已经超过 5%。吴为选这个企业还有一个重要原因：企业的市值小、股价低，相对来说更容易被市场发掘，股价拉升也更容易。买入后不久，让吴为意外之喜的是，当年 10 股派 10 元的大红包，股息相当于分红超过买入价的 10%。这就是吴为说和张步庭中国神华每股分三元的经历几乎一样的原因。

不到一年，伟星股份股价翻倍，吴为按照“守株待兔”翻倍退出的原则清仓退出。虽然错失了后期的涨幅，但吴为毫不遗憾，心中充满激情，因为他即将走上一条完全不同的人生之路。

卖出的那刻，看着账上 60 万元的现金，吴为对师父的佩服已经深入灵魂。

“龟兔赛跑”与“三种钱”

王有道听得如痴如醉，大呼过瘾。但张步庭却在一旁急不可耐地问吴为：“快说说，后来你是如何处理这60万的?”

吴为饮了一口茶，慢慢答道：“知道你会问，其实这也是当时困扰我的难题。”

吴为当时毫不在意卖出股票后股价继续上涨，因为他知道，只要自己掌握了稳赢投资之道，赚多赚少只是时间的问题。但问题是现在手中大把现金，“守株待兔”的机会已经没有，而“老僧入定”和“十年树木”的方法，在短期内又用不上，真是愁死人了。而稳赢投资还有最后一招“龟兔赛跑”，尚未使用过。

吴为捧出《稳赢投资》，再次细细地将“龟兔赛跑”法读了一遍。虽然内容很简单，但总感觉一次投入这么多资金，一天的波动都可以赶上自己一年的工资收入了，如果贸然去用，心中还是没把握做到稳赢。四种方法，越往后越难把握。而且师父说过，“龟兔赛跑”如果一着不慎，甚至可能满盘皆输。虽然已有多年的投资基础，但吴为还是决定问问师父。

师父在电话中建议将资金分成三份：一份存银行买理财，等下一次“守株待兔”的机会；一份用于“龟兔赛跑”；最后一份投资一套房产，充分利用公积金适当加大良性财务杠杆。待能熟练应用“龟兔赛跑”，并且心中能够做到“稳赢”的时候，再把主要资金全部投资于股票。

张步庭听得兴奋，问道：“估计你这十来年‘守株待兔’‘老僧入定’和‘十年树木’又都用了一遍，而且‘龟兔赛跑’已经做到稳赢了吧？而且买房子也赚到了钱，不服不行啊。而我对股市也不太熟悉，‘龟兔赛跑’就不学了，回去把卖掉中国神华的资金一半买银行理财产品，另外一半买套小房子投资，如果你将来发私募，请告诉我。我知道投资成功的道路有两条：一是成为像巴菲特那样的人；二是找到像巴菲特那样的人。我肯定是成不了巴菲特的，不如选择跟住一个能做到的。现在我就安安稳稳地吃利息，等下一个‘守株待兔’的机会，同时坚持把‘老僧入定’和‘十年树木’做好，退休时能当个有钱、有闲的小老头也蛮好。”解开心结的张步庭开心地笑了。

王有道看着兴奋的张步庭，心里也是真心为老同学高兴。但王有道的想法还是不同，他在股市投入了巨大的时间和精力，虽然以教训居多，但这也是一笔宝贵的财富，不能像张步庭那样轻易放弃。

王有道真诚地看着吴为，希望他能详细介绍一下“龟兔赛跑”的应用方法。

感受到满满诚意的吴为没有犹豫，当即以自己最新研究的一只股票为例，向王有道和张步庭和盘托出。不过开说前卖了个关子，问二人道：“你们觉得投资股票可以赚什么钱？”

两人疑惑地对望了一眼：赚什么钱？于是反问道：“难不成股市里赚钱还分个三六九等吗？”

吴为笑言："别小看这个问题，它很关键，股市里有句话叫'宁可明明白白地亏，也不要稀里糊涂地赚'。

"简单说，可以分为三种。

"一是赚人性的钱。'老僧入定'和'十年树木'都是考验投资人有没有长期坚持的毅力和恒心。说白了就是对人性的考验。方法很简单，获利也很确定。但它们见效都很慢，而且都是细水长流。这是赚人性的钱，人人都可以赚，但不见得人人都赚得到。

"第二种是市场的钱。比如'守株待兔'，利用市场的波动，低时买入，高时卖出。市场先生虽有点神经分裂症，但更离谱的是，它不靠谱地出价时，往往会有更多人都跟着疯。我们可要保持理智，做到既不疯狂也不绝望。

"第三种是企业的钱。例如'龟兔赛跑'，其不受股市时间和环境的限制，主要依赖企业自身的发展和成长。从某种意义上来说，是可以穿越牛熊的主动投资法，当然也是最难把握的方法。

"为什么这么说呢？因为企业是在不断变化之中的，企业主自己对未来都不可把握，更不要说一般投资人。那投资者该怎么办？要敬而远之吗？其实也未必，可以从以下几个方面努力。一是努力提高自己的能力，这就是要不断阅读学习。二是要看清自己的能力圈，并坚守不出'圈'。企业千差万别，自己看不懂的，哪怕看上去机会再好，也不投资。把主要精力和目标集中到世人认可，甚至是耳熟能详的，与我们生活相关的，业务模式清晰、成长空间巨大、产品出众、管理优秀、负债不高的少数优秀企业。一旦选定，就耐心陪伴企业逐渐成长。这样的对象不需要太多，个人投资者一生少则三五个，多则一二十个足矣。三是要适当分散，毕竟未来不可测，自己再努力，企业也可能出现'黑天鹅'，适当分散，仍可取得不错的整体收益。"

二人听后，频频点头。尤其是王有道，回想自己曾买过的诸如朗玛信息、中国卫星等投票，都是凭感觉、凭技术经验在投资，对企业则是一无所知，这样不败才是怪事。

股市如镜照人生

王有道问道："还有一个困扰我的问题想请教您?"不知不觉中，王有道用上了"您"这样的敬语。

吴为也礼貌地回应："您请说。"

"人们常讲'股市如赌场'，久赌必输。因此我总感觉买卖股票不是正途，且这些年也很少得到家人的支持。您怎么看这个问题呢？"

吴为笑笑说，自己也曾问过师父这一问题。

师父的解读如下：股市就像一面镜子，善者见善，恶者见恶，狂者见狂，它只是客观地反射投资者本来的面目。"股市如赌场"是因为投资者把股市当成赌场，"镜子"中反射出来的自然是赌徒的模样。股市是一个名利场，也是一个悲喜地，它通过 K 线的涨跌放大了人们的幻想和欲望，直观暴露出投资者的贪婪与恐惧：冲动中加仓，恐慌时抛售，疯狂地追涨，套牢后绝望。股市跌宕起伏的舞台展露着股民们获利的喜悦，亏损的悲戚；对内幕的期盼，对不公的愤懑。

当然，也有投资者把股市当成优秀企业的汇集地，"镜子"中反射出来的就是理性的企业投资人。他们以独特的眼光优选企业，用辛苦打拼积累的财富支持企业发展，用十足的耐性陪伴企业不断成长，最终也收获了企业丰厚的财富回报。更为重要的是，他们能够远离市场的喧嚣，抛开贪婪与恐惧的烦恼，无论经济危机还是变幻无常的股灾，他们都能每天“踏着踢踏舞去上班”，夜夜安枕！

其实，股市本身就像是一年四季，任何人去预测股市短期的涨跌，都像试图去预测短期的天气一样不靠谱。不过，就像人人都能直观感受四季变化一样，较有经验的投资者还是可以感受和把握股市的冷暖的。种地的农民不会天天看天气预报，他会根据自己的经验在合适的时节春播，夏长，秋收，冬藏。投资者也应该把自己想象成一个“股地农民”，在对的时节进行春播，耐心守候中度过夏长，秋收的时节不忘收割，寒冬之时及时冬藏。

当然，股市“四季”不像一年四季那么分明，周期不确定，而且周期本身很长，投资人主要是需要有这种意识就行，按专业术语来说是要“规避系统性风险”。这一点还是很有必要的，平时不需要在意市场的温度，但是要尽量规避“极寒和极热”两种异常风险：理性而富有经验的投资者要在严冬来临前多备点棉袄和柴火；在酷暑到来之际则要换地“避暑”或安好空调。要知道，即使强如巴菲特的最佳搭档查理·芒格，在 1973 年和 1974 年两年股灾中，资金损失也高达五成，50% 的损失需要 100% 的涨幅才能弥补，而且加上两年的复利增长，基本上，50% 的当年损失，需要 150% 的收益才能恢复和保持原有复利的增长速度！这种重大回撤是极不利于投资者长期复利稳步增长的，应该予以足够的重视。

王有道对这个解答非常满意，三人一起开心地笑了。

最后一课

随后，吴为收起笑脸，严肃地说："股市是个神奇的地方，很多人称股市为赌场，聊起自己的经历谈之色变，如洪水猛兽般避之不及；但也有人夸它是真正的摇钱树，不受环境和人脉的影响，可以轻松赚大钱，一生钻研其中，乐此不疲。很多人在股市里面倾家荡产，但也有人通过股市投资实现了财务自由。师父曾教过我最后一课，我现在一并转告你们。

"首先，我们要明白稳赢投资为什么那么重要！因为只有做到稳赢，在机会面前我们才敢于出手，才能取得足以改变人生方向的丰厚盈利。衡量投资成功有三个标准：绝对盈利、跑赢大市、解决问题。前两个标准容易理解，但第三个标准就各不相同了。每个投资者都应该问自己这个问题：通过股市投资，我能做到'解决问题'吗？怎样才算解决问题呢？财务自由是比较好的指标。当资本累积到足够大，股市投资每年10%的投资收益就能满足当年的家庭开销，不再为工作所困，不用被金钱奴役，这样可以算解决了问题。"

王有道听到这里，心里咯噔了一下，想起自己劳心劳力这么多年，虽然在股市赚到了一点钱，但大不能置业，小只够一次高标准的全家旅游，即使投资实现了盈利，意义又能有多大呢？与此相较，张步庭因为数年采用“老僧入定”的方法定投积少成多，同时也抓住了“守株待兔”的好机会，在有把握稳赢的情况下敢于全仓出击，短短两年时间，实现了资金的倍增，总收益超过百万元。他只要坚持下去，再有一个七年轮回，资金总量极有可能达到三五百万元，到时每年只需 10% 的收益就能实现 30 万 ~50 万元的净收益，解决问题就实现了。

想到此，王有道与张步庭对望了一眼，坚定地点了点头。

吴为继续说道：

“师父说过，**投资不是平面赛跑，它更像垂直攀登财富的山峰。**爬多高、多快并不重要，因为如果没有坚实的投资基础，没有充足的安全保障，即使爬再高，哪怕爬再快，一着不慎就得重新开始，甚至万劫不复。”

当时由于吴为并不太理解这话的意思，于是，师父给吴为讲了一个故事。

有一座直插云霄的财富高山，数百年来从未有人见过它的峰顶。每年一到春秋之际，山上都会长出很多金蘑菇。但因为经历了一个漫长的寒冬，上山的人很少，只有一些很有经验的老家伙，初春之际就背着绳子，拿着很多大袋子往山上爬。因为上山早，人少视线好，路宽东西多，所以他们慢慢地捡。但闷头发大财的时间并不长久，随着消息慢慢扩散，越来越多的人涌上山。头一次见到金山的新手兴奋地红了眼，完全不管陷阱与乱石，一路往前冲。你还别说，很多后进的新手反而比先前的老手捡得多，得意之时，也不忘回头嘲笑老手：“你们这些胆小如鼠的老家伙，洗洗回去养老吧！”

山越爬越高，路越来越窄，路上的障碍也越来越多。由于云雾的遮蔽，前路很不清晰，慢慢地，前进的大部队中有老家伙主动停步，说前边太危险了，心满意足地扛起沉甸甸的大袋子下山了。但金蘑菇的吸引力是无穷的，老家伙稀疏的背影转眼被提着麻袋上山捞金的大军淹没，那些爬得高的新手指着老家伙，对刚上山的新人调侃道："你们说，有宝不知道捡，是不是傻啊。"新人们一起起哄道："就是啊，现在是新时代，这次肯定不一样，这些人早就该扫进历史的灰尘里啦。"

山路越来越难行，人群中流传出一种可怕的传言："前边不远可能就是悬崖！"很多胆小的人听了吓得往回跑，但没跑出多远，却证实这是个假消息，而且又传出某某人捡到了几十公斤的金蘑菇的消息。加速往回跑的人懊悔不已："这该死的假消息！"次数多了，大家都不再相信有悬崖，一路高呼，大喊"根本没悬崖，胆大就能赢，前边大的金蘑菇还多着呢"。

越来越多上山后赚大钱的消息传开后，人潮沸腾了，上山的人更多了，路已经变得水泄不通。大家都心急火燎地往前挤，生怕错过了什么。各种消息满天飞，糟糕的是金蘑菇越来越少，只有山顶偶尔还有金光闪闪的金蘑菇在阳光的照耀下发出夺人心魄的金光。

前进的山道崎岖难行，前面确实没悬崖，但巨石越来越多。后边的人流还在不断涌入，山中少有立足之地。终于，拥挤的人群踩翻了山顶的块块巨石，猛烈下跌的大石带起无数小石，泥沙俱下。山崩地裂之后，金山轰然倒塌，无数采金人还未反应过来，已经尸骨无存，整个采金场尸横遍野、哀号遍地，其状惨不忍睹！

早早下山的老手静静地看着眼前的一切，望着家中越堆越高的金蘑菇，抬头向着寒风凛冽的天空会心一笑，心中已经再次燃起明年初春收获的希望。

吴为听完故事，心想：这不就是股市牛熊交替的真实写照吗？

师父点头告诉吴为："投资最要紧的事情是确保不被市场消灭，这样一来，经历多轮牛市后财富自然越来越多，自己积累的财富慢慢就会变成一座真正的财富之峰！余生只需要通过稳赢之策在这座山峰之上安全持续往上爬。"

投资人最好的结局是像"股神"巴菲特一样：人生的终点也许就是自己财富的最高峰。

悠闲千万富翁

15 年后，王有道和张步庭顺利退休了。退休之际，他们相约带着老婆开始了长达 108 天，横跨三大洋、五大洲，途经两大运河，到访 38 个国家的环球旅行。虽然费用每人高达 20 万元，但有巨额“退休基金”在手的二老，没有丝毫经济压力。因为自己退休了，自己的“退休基金”仍在奔跑，而且基数大了，每跑一步都将是跨越。

张步庭拿出一张表（见表 7 - 2），对着王有道骄傲地说：“老同学，祝贺你！你起步比我晚，但你这只勤奋的兔子最终还是比我这慢慢爬的乌龟跑得远。不过，我也不羡慕你，因为我只要再用‘守株待兔’抓住一只‘死兔子’，也许再过几年，我有生之年成为千万富翁也不是遥远的梦。”

王有道接过张步庭的表格，细看了一下，会心地笑了。

看着蔚蓝的大海，二老悠闲地躺在豪华头等舱的躺椅上，喝着限量版的香槟酒，轻松地闲聊着，思绪飘到了 15 年前那个平淡却不平凡的夜晚，想起了那个叫吴为的年轻人，想起了那本叫《稳赢投资》的小书。感叹着，仿佛看到了一个只有想法没有行动，没有应用《稳赢投资》四策，没有“退休基金”，只是像单位的同事一样，苍老平淡地过着拮据的退休生活，空闲时间盯着 K 线日夜神伤，继续为茶米油盐操着心的自己！

表 7－2　千万元退休计划

单位：元

时段	月投入	年投入	七年投入	第7年牛市翻倍卖出	“守株待兔”熊市买入	第14年牛市翻倍卖出	每年5%七年股息	第14年资金	第7年牛市翻倍卖出	每年5%七年股息	第21年资金	第7年牛市翻倍卖出	每年5%七年股息	第28年资金
第7年	3000	36000	252000	504000	504000	1008000	176400	1184400	2368800	414540	2783340	5566680	974169	6540849
第14年	3500	42000	294000	588000	588000	1176000	205800				1381800	2763600	483630	3247230
第21年	4000	48000	336000	672000	672000						672000	1344000	235200	1579200
累计投入			882000							累计收益	4837140			11367279

投资理财零基础上班族的进阶书单

一、投资启蒙类

1. 博多·舍费尔:《小狗钱钱》

2. 哈吉斯:《管道的故事》

3. 罗伯特·清崎:《富爸爸穷爸爸》《富爸爸财务自由之路》《富爸爸》

4. 托马斯·J. 斯坦利、威廉·D. 丹科:《邻家的百万富翁》

5. 斯宾塞·约翰逊:《谁动了我的奶酪》

推荐理由:趣味性强,能够在快乐阅读中了解理财投资的各种方式和观点;明白“金鹅”“金蛋”“现金流”等术语;理清钱和财富的概念,树立“财务健康、财务自由”的理念。

二、股海故事类

1. 杰西·利弗莫尔:《股票大作手回忆录》

2. 本杰明·格雷厄姆:《格雷厄姆:华尔街教父回忆录》

3. 江平:《台湾股市大泡沫》

4. 赵迪：《资本的崛起：中国股市二十年风云录》

5. 阚治东：《荣辱二十年：我的股市人生》

推荐理由：股海“故事类”书籍，阅读的主要目的是了解股市的历史，感受股海风云。

三、投资工具书

1. 李杰（@水晶苍蝇拍）：《股市进阶之道》《公司价值分析案例与实践》

2. 唐朝：《手把手教你读财报》

3. 菲尔·汤恩：《股票投资的一号法则》《教散户赚大钱》

推荐理由：通俗易懂，易学易会，“菜鸟”“韭菜”们最好的价值投资教科书。一定要深读，反复读，真正吃透弄懂，可以受益一生。

四、必读经典类

外文经典

1. 杨天南（译）：《巴菲特致股东的信》《巴菲特之道》《戴维斯王朝》

2. 本杰明·格雷厄姆：《聪明的投资者》

3. 艾丽斯·施罗德：《滚雪球：巴菲特和他的财富人生》

4. 菲利普·费雪：《怎样选择成长股》

5. 塞思·卡拉曼：《安全边际》

6. 彼得·林奇：《彼得·林奇的成功投资》

7. 彼得·考夫曼：《穷查理宝典》

8. 杰里米·J. 西格尔：《投资者的未来》

9. 霍华德·马克斯：《投资最重要的事》

10. 劳伦 · C. 邓普顿：《邓普顿教你逆向投资》

国内投资家及其主要代表作

1. 杨天南：《一个投资家的 20 年》

2. 张居营（@闲来一坐 s 话投资）：《给业余投资者的十条军规》

3. 任俊杰、朱晓芸：《奥马哈之雾》

4. 任俊杰：《穿过迷雾》

5. 赖振华（@那一水的鱼）：《投资第一课》《理财不用懂太多》

6. 宋军：《投资的本源》

7. 邱国鹭：《投资中最简单的事》

8. 梁军儒：《让时间为你积累财富》

9. 小小辛巴：《百箭穿杨》

10. 不明真相的群众：《老二非死不可》

推荐理由：站在大师们的肩膀上前行，可以让我们看得更远，走得更稳。

后 记

写一本书，是我的人生愿景之一，今天兑现了，非常开心。虽然整个过程很不容易，但在总结和分享的过程中，自己获益更多。人生有很多事情，只要静下心、沉下气、耐下性去做，面对困难，迎头直上，我们就会发现它们没想的那么难。写书如此，投资也一样！

授人以鱼不如授之以渔。我在书中提到并且分析了几家公司，但这并不是建议读者买进或者卖出它们。这些只是作为案例，向大家演示该如何投资。这些例子并不重要，重要的是我所阐述和展示的投资理念与策略方法。

这是一本股市入门书籍，我以自己的投资成长历程为基础，反思这十多年的所见、所思、所想，进而总结和践行了四种可行的股市轻松盈利方法。

“我们知道了很多道理，却依然过不好这一生。”投资简单，但不容易，而且知不易，行更难，知行合一更是难上难！

书中提供了简单易行的指南。本书的真正价值不在于理念和策略是否正确或者成功，而在于读者读完本书后，是否有兴趣把该策略运用到实践中！一个真正带来实际收益的决定必然是开始于具体的行动，并且还是立即行动。先别管要做到什么程度，最重要的是动起来。我可以保证，只要你用心读完本书，而后能正确使用书中的策略，真正做到知行合一，同时降低预期收益，保持足够的定力和耐心，就一定有机会从一名零基础的投资“小白”，成长为一名合格的业余投资者，打败市场90%的人！不必怀疑，因为资质愚钝的我已经帮你实践过，相信聪明勤奋的你也肯定能做到。

学海无边，书囊无底！读书和学习是我们每个人用最低的成本，提高自己的知识、眼界、人格和投资能力的最佳途径。很多时候，社会阶级上的固化和差异，不仅表露于财富上的差距，更多地体现在个人眼界和选择的不同。我们没有办法决定自己的出身，但我们可以通过读书、学习和稳赢投资，编织更加美好幸福的人生。

巴菲特曾说过：“学习投资很简单，只要愿意读书就行了。”而他概括自己的日常工作时说：“我的工作是阅读。”巴菲特的挚友查理·芒格曾经说：“我这辈子遇到的来自各行各业的聪明人，没有一个不每天阅读的——没有，一个都没有。而沃伦读书之多，可能会让你感到吃惊，他是一本长了两条腿的书。”事实上，工作无论有多忙，巴菲特每天都要挤出两个小时的时间来读书。这对于一个世界上最富有的人来说并不容易。

世界上最富裕而且已经年近九十岁的老人家仍在坚持每天不停地读书，我们还有什么理由不努力学习呢！

亲爱的“上班族”朋友们，让我们携手共进，在勤勉踏实工作之余，通过轻松投资，实现工作、生活、投资三者的和谐统一，退休时刻“领”到“千万”元退休金，安度幸福富足的晚年吧！

最后，要感谢我的师友@闲来一坐s话投资张居营先生拨冗作序。

网友因为喜爱，以“闲大”称呼他。闲大投资功力深厚，拥有成熟、可复制的投资体系，历经牛熊考验后，在股市取得了丰硕的投资成果。闲大德高望重，乐于分享投资心得，历年来不辞辛劳，谆谆教导投资晚辈，“带”出了一批“中生代价投”。可以说，闲大是“上班族”中通过投资股市取得成功的最佳代表。我也经常通过雪球与闲大交流，获益匪浅。

感谢杨天南（@天南财务健康谈）老师、赖振华（@那一水的鱼）先生、何文滨（@静气）先生、龚平良（@情系17路）先生、欧阳胜杰（@谦和屋）先生、徐凤俊先生等几位师友对本书的推荐，谢谢你们。

感谢雪球提供了很好的投资交流平台，很多聪明而勤奋的投资者都在这里。通过雪球，不仅让我获取了很多重要的投资信息，更难得的是，提高了自己的见识和投资水平，结交了众多良师益友。

感谢为本书的写作提供了极大帮助和支持的吴登高先生。

还要特别感谢本书的责任编辑燕丽丽博士和她的工作团队。她们在本书的策划、编辑和校对过程中付出了大量的时间和精力，燕博士和同事们的专业水准与敬业精神让人敬佩。谢谢你们！

当然，对我来说，本书的面世，离不开我的妻子李湘新女士和父母、儿女的大力支持。写作的这段时间里，我是一个勤奋的“码农”，但不是一个称职的家人！没有你们的爱和支持，这本书不可能按时完成。谢谢你们，我爱你们！

吴飞

2018年12月30日于星城长沙